A ALEGRIA DE SER MESTRE

Coleção PEDAGOGIA E EDUCAÇÃO
- *Alfabetizar letrando: uma experiência na Pastoral da Criança* – Bruno Carneiro Lima
- *A criança e o medo de aprender* – Serge Boimare
- *A alegria de ser mestre:* pedagogia e didática da educação ética e dos valores humanos – Betuel Cano
- *Cultura, poder e educação de surdos* – Nídia Regina Limeira de Sá
- *Educação e cidadania:* uma inovadora proposta de formação religiosa – Alane de Lucena Leal
- *Inclusão social na escola:* quando a pedagogia se encontra com a diferença – Antonio Efro Feltrin
- *Os professores da escola pública e a educação escolar de seus filhos* – Rosemeire Reis
- *Por uma educação criativa* – Santos Benetti
- *Psicologia e mistério* – Franco Imoda

SÉRIE FORMAÇÃO CONTINUADA
- *Ser professor e dirigir professores em tempos de mudança* – Lourdes Bazarra, Olga Casanova e Jerônimo Garcia Ugarte

Betuel Cano

A ALEGRIA DE SER MESTRE

Pedagogia e didática da educação ética e dos valores humanos

Paulinas

Dados Internacionais de Catalogação na Publicação (CIP)
(Câmara Brasileira do Livro, SP, Brasil)

Cano, Betuel
   A alegria de ser mestre : pedagogia e didática da educação ética e dos valores humanos / Betuel Cano ; [tradução Cristina Paixão Lopes]. – São Paulo : Paulinas, 2007. – (Coleção pedagogia e educação)

   Título original: La alegría de ser maestra : pedagogía y didáctica de la educación ética y los valores humanos.

   Bibliografia.
   ISBN 978-85-356-1972-0
   ISBN 958-669-421-6 (ed. original)

   1. Educação moral 2. Ética 3. Pedagogia 4. Prática de ensino 5. Professores - Formação 6. Valores (Ética) I. Título II. Série

07-1110   CDD-370.114

Índices para catálogo sistemático:
1. Educação ética : Pedagogia e didática   370.114
2. Educação dos valores humanos : Pedagogia e didática   370.114

Título original da obra: *La alegría de ser maestra: pedagogía y didáctica de la educación ética y los valores humanos*

© 2004 Instituto Misionero Hijas de San Pablo, Bogotá (Colômbia)

Direção-geral: *Flávia Reginatto*
Editora responsável: *Maria Alexandre de Oliveira*
Assistente de edição: *Rosane Aparecida da Silva*
Copidesque: *Édimo de Almeida Pereira*
Tradução: *Cristina Paixão Lopes*
Coordenação de revisão: *Marina Mendonça*
Revisão: *Ruth Mitzuie Kluska e Jaci Dantas*
Direção de arte: *Irma Cipriani*
Gerente de produção: *Felício Calegaro Neto*
Capa: *Manuel Rebelato Miramontes*
Editoração eletrônica: *Sandra Regina Santana*

Nenhuma parte desta obra poderá ser reproduzida ou transmitida por qualquer forma e/ou quaisquer meios (eletrônico ou mecânico, incluindo fotocópia e gravação) ou arquivada em qualquer sistema ou banco de dados sem permissão escrita da Editora. Direitos reservados.

Paulinas
Rua Pedro de Toledo, 164
04039-000 – São Paulo – SP (Brasil)
Tel.: (11) 2125-3549 – Fax: (11) 2125-3548
http://www.paulinas.org.br – editora@paulinas.com.br
Telemarketing e SAC: 0800-7010081

© Pia Sociedade Filhas de São Paulo – São Paulo, 2007

SUMÁRIO

Introdução 7

1. Boas-vindas 13
   MOTIVAÇÃO: Atitudes pedagógicas 13
   1.1. Reflexão pedagógica 25
   1.2. Evocando informação 33

2. Jesus, o Mestre 55
   MOTIVAÇÃO: Unidade na humildade 55
   2.1. Consciência de sua missão 60
   2.2. Modelo do Magistério de Jesus 65
   2.3. Jesus e sua revolução educativa 80

3. A alegria de ser mestre 91
   MOTIVAÇÃO: O que aprendi no jardim-de-infância 91
   3.1. Tenho clara a minha missão como mestre? 96
   3.2. Os mestres na perspectiva dos alunos 110
   3.3. O que choca e o que agrada nos mestres 117
   3.4. A alegria de ser mestre 120

4. Educação ética e valores humanos 123
   MOTIVAÇÃO: Valores 123
   4.1. Mobilização do *ethos* para o desenvolvimento
        humano 130
   4.2. O desenvolvimento a serviço do desenvolvimento
        humano 137

4.3. Educabilidade – ética – ensinabilidade 143
4.4. Educação ética e valores humanos 151

5. Alegremos a aprendizagem 167
MOTIVAÇÃO: Cada aluno aprende à sua maneira .. 167
5.1. A didática: reflexão 170
5.2. Estratégias 182
5.3. Ambientes de aprendizagem e recursos didáticos 189
5.4. Outras estratégias 302
5.5. Jogos didáticos, âmbitos e valores 304

Anexo 1. Objetivos para o terceiro milênio 313

Anexo 2. Competências básicas 315

Bibliografia 317

INTRODUÇÃO

Esta obra dirige-se àqueles que se convenceram de que a sua missão como mestres implica um grande compromisso e uma séria responsabilidade, e que, portanto, é necessário que estejam conscientes de que são coadjuvantes dos seus próprios educandos e caminham com eles, qual educandos, também, na mesma busca, com a única diferença de que a empreenderam primeiro.

A obra apóia-se na realidade, baseando-se nas respostas de 447 estudantes que foram inquiridos e colaboraram animadamente com seus testemunhos. Tem como propósito animar os mestres para que trabalhem com entusiasmo, seguros de que mais importante que ter critérios de verdade é ter critérios de progresso no quadro de uma grande capacidade de abertura e disposição para escutar novas propostas, outras idéias, novos delineamentos, confrontando, argumentando, questionando, com um grande sentido do universal e do ecumênico.

Por isso é que, em primeiro lugar, apresentamos Jesus de Nazaré como "o Mestre", por ser considerado modelo dentro de sua especialidade; por ser protótipo dentro de sua disciplina, por sua coerência entre o que pensou, pregou e praticou.

Este clássico da pedagogia de ontem, hoje e sempre, provavelmente sem o propor, teve seu próprio modelo pedagógico, aprofundou cada um de seus componentes e os desenvolveu cabalmente ao longo de sua vida, sem se enquadrar nem no modelo, nem em nenhum de seus componentes.

É um exemplo para os educadores. Foi o educador por excelência, identificou-se com quem o enviou, fez própria a missão que lhe foi atribuída, não se limitou a dar lições, mas ensinou pelo exemplo; seu método foi o testemunho de sua própria vida, e por isso falava com autoridade.

Sua proposta não foi tanto a de adquirir conhecimentos, nem satisfazer desejos ou emoções, tampouco de desenvolver o corpo fisicamente, mas a de ensinar a viver, a desfrutar a vida e a natureza, a viver em harmonia consigo mesmo e com os demais. Seu grande propósito consistiu em encaminhar o ser humano para a plenitude, fazendo ver que a chave está na tomada de consciência enquanto pessoa humana, na adoção de uns princípios mínimos de vida, na paz interior, na serenidade, na prudência, na prática da justiça, na vivência da liberdade e no conseguir estar acima dos objetos, dos desejos e dos apegos, colocando o Espírito acima da matéria.

A unidade "Jesus, o Mestre" foi elaborada com base nas palavras de Jesus de Nazaré, em sua vida e testemunho, com o fim de fazer corresponder com esta época o que não se pode deixar na época dele. Seria muito desperdício.

Em segundo lugar, damos ênfase à alegria, como característica que deve distinguir todo mestre, não apenas em seu desempenho magisterial, mas em toda a sua vida, de forma permanente. É indispensável que esta alegria alimente a satisfação de viver uma vocação, acima de desempenhar um ofício, e, deste modo, nutra o prazer de abrir caminhos, assinalar possibilidades, abrir portas em ambientes carregados de afeto e propósitos acertados.

A alegria de um mestre também se sustenta na satisfação de ver seus alunos usufruindo a aprendizagem, compreendendo, assimilando e progredindo. Como se alegra o agricultor ao ver crescer suas plantas até dar seu fruto. Deste modo, o mestre alegra-se quando vê seus alunos crescerem em todos os sentidos, até vê-los fortalecidos para seguirem adiante por seus próprios méritos.

Em terceiro lugar, a obra faz ver que a alegria de um mestre se fundamenta nas variáveis da ética, *responsabilidade* e *compromisso*.

Responsabilidade e *compromisso* porque responde com habilidade, com criatividade, com estudo e dedicação às solicitações das crianças e jovens de hoje e às exigências de um mundo em mudança.

Responsabilidade e *compromisso* que o movem a chegar antes e a sair depois da aula, que o impelem a encontrar recursos e a ser muito engenhoso para gerar ambientes didáticos que alegrem a aprendizagem e a suscitar cenários pedagógicos que façam sentir o prazer de compreender para conhecer com sentido, de forma analítica e crítica.

Responsabilidade e *compromisso* que o levam a hipotecar seu futuro com o futuro dos alunos que estão sob sua tutela; que o fazem tomar consciência de que os temas devem ser de interesse e devem servir para a vida. O mestre deve convencer-se de que se os temas que se ensinam não estiverem relacionados com a vida, não apenas não despertarão interesse, mas também farão perder tempo, porque nem quem os dá o faz com a alma, nem quem os recebe o faz com entusiasmo; e, o que é pior, de nada servem.

Em quarto lugar, fazemos referência à necessidade de alegrar a aprendizagem por meio de uma metodologia e uma didática próprias para a formação em ética e em valores, gerando um ambiente axiológico que tenda ao desenvolvimento de competências válidas para assumir a vida como pessoas com valores humanos autênticos. Criado o ambiente, não é difícil instaurar nele estratégias e recursos que animem à participação, ao estudo, à compreensão, à assimilação e ao colocar em prática o aprendido, tendo em conta que essas ajudas não são o fundamental, porque o que deve primar é a mobilização ética entre mestre e aluno.

Em suma, com este livro buscamos suscitar uma reflexão em torno do mestre e seu trabalho, com o fim de chamar a atenção para que ele o assuma como uma missão, como uma vocação, como um chamado que parte da alma e do coração para contribuir para a melhoria do mundo, tendo como base a melhoria do ser humano, fazendo-o cada vez mais humano e uma pessoa melhor; convencendo-se de que o que menos tem que fazer é dar aulas, o que menos tem que fazer é dar informação, o que menos tem que fazer é o que faz um gravador ou uma máquina, e que, pelo contrário, o que deve fazer é contribuir para a formação das crianças e dos jovens, sendo a melhor pessoa que eles vejam passar por suas vidas.

O que os alunos querem SABER em termos de conhecimento conseguem-no reunindo-se para isso; o que têm de FAZER, em termos de ofício, aprendem-no por sua conta. Em vez disso, o que têm que SER, em termos de pessoa humana, aprendem-no pelo exemplo, em ambientes de afeto, bom trato, convivência pacífica, sã tolerância e muito amor. O que mais contribui para a formação é a aceitação das pessoas como são. Esta aceitação eleva a auto-estima, dá confiança e fé em si mesmo e nos demais.

O anseio de todo mestre deve ser chegar à plenitude, a qual atingirá quando puder assumir cabalmente a afirmação de outro grande mestre, Gandhi: "Eu não tenho mensagens, minha mensagem é minha vida". É por isso que a grande tarefa de todo mestre não é dar lições, mas dar-se por inteiro e sem condições, porque os alunos não devem ser vistos como filhos dos outros, mas como os próprios filhos. A melhor lição é o próprio mestre.

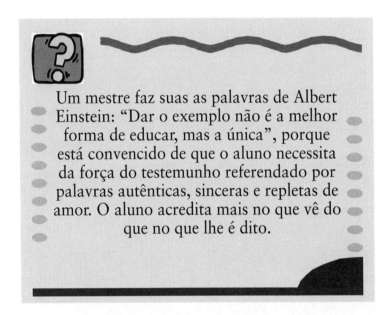

Um mestre faz suas as palavras de Albert Einstein: "Dar o exemplo não é a melhor forma de educar, mas a única", porque está convencido de que o aluno necessita da força do testemunho referendado por palavras autênticas, sinceras e repletas de amor. O aluno acredita mais no que vê do que no que lhe é dito.

1. BOAS-VINDAS
Motivação: Atitudes pedagógicas

No bom sentido da expressão, a tarefa do mestre é mostrar e mostrar-se; o termo *ensinar*, cujo significado é excelente, se desvalorizou com o tempo e se converteu em qualquer coisa, a ponto de se tornar sinônimo de conhecimento, dar aula, apresentar um tema, recitar, copiar e repetir.

Com razão, o papa João XXIII disse em certa ocasião aos catequistas reunidos em Roma: "Quando forem ensinar o Evangelho, não ensinem; não se ensina Jesus Cristo; antes, *partilhem* a experiência de Jesus Cristo em suas vidas".

Partilhar a experiência é a chave, não apenas na difusão do Evangelho, mas também no ensino de qualquer tema e, sobretudo, na contribuição para a formação da infância e da juventude.

Valor-chave:

PARTILHAR

O propósito desta parte inicial é fazer uma reflexão em torno da missão que todo mestre deve cumprir, partindo de uma auto-avaliação acerca das atitudes pedagógicas, ao mesmo tempo que se vai facilitando a integração dos participantes por meio das estratégias em grupo propostas.

O trabalho de um mestre não pode ser assumido como um ofício ou como um trabalho a mais; ele é um grande compromisso e uma séria responsabilidade de contribuição para a formação de crianças e jovens que estão crescendo e necessitam de nutrientes sólidos que os equipem e fortaleçam para seu desempenho enquanto pessoas humanas neste peregrinar do homem pelo universo.

Sua bagagem não deve ser apenas rica em conhecimentos, descobertas e criações, mas robusta em suas dimensões ética e axiológica.

TÉCNICA DE TRABALHO: A Galeria. Ver mais detalhes deste recurso didático à p. 266 .

Tema: Atitudes pedagógicas.

Propósito: Auto-avaliação de cada um dos participantes.

Instruções: A Galeria, nesta ocasião, consta de dez "quadros", ou cartões, que devem ser distribuídos em um salão amplo ou em um corredor estreito.

Cada um dos participantes percorre a galeria, sem importar a ordem, e vai marcando em uma tabela a opção selecionada para cada um dos casos. É uma prova de múltipla escolha.

Eis a tabela que o participante deverá levar durante o percurso:

A	B	C	D	E	F	G	H	I	J
3	6	3	2	4	1	2	5	6	4
2	1	4	5	6	2	5	3	4	3
6	5	5	1	5	4	3	6	1	5
1	4	2	3	2	5	6	1	5	6
4	2	6	6	1	3	1	4	2	2
5	3	1	4	3	6	4	2	3	1

Exemplo de um cartão:

A. Uma companheira sua que foi contratada este ano no colégio comenta com você o seguinte: "Todos os companheiros de trabalho são excelentes pessoas, mas não consegui me integrar. Acho que formam um círculo muito fechado... O que você me aconselha?".

E você lhe responde:

1. Qual poderia ser a causa de eles ainda não terem dado conta de você?
2. Você mostrou pouco interesse pelas coisas de que eles gostam.
3. Preste algum serviço a eles para ver o que acontece.
4. Isto acontece porque você não conseguiu quebrar o gelo.
5. Analisemos o fato e procuremos onde está a falha.
6. Com o tempo as coisas se ajustam. Isso sempre acontece.

B. Na votação para representantes, Susana foi nomeada representante dos professores ante o Conselho Diretivo. Sua companheira Ana Maria veio e contou a você o que havia dito a Susana: "Não vá agora dar uma de importante, nem vá fazer queixas minhas no Conselho, eu sei muito bem o que tenho que fazer".

Qual destas respostas você lhe daria?

1. Você faltou ao respeito para com Susana. Sua atitude foi grosseira.
2. Você se sente incomodada porque nomearam Susana como representante.
3. Conversemos sobre Susana mais detidamente.
4. Para você, o que significa ter Susana como representante?
5. Mantenha boas relações com a representante Susana. Veremos como as coisas lhes correrão.
6. Aconselho-a a reconsiderar seus pontos de vista sobre a representante Susana.

C. Uma companheira comenta com você algo que lhe sucede no colégio: "Juliana é uma companheira insuportável, joga na minha cara que não rendo tanto quanto ela, me olha como inferior. É auto-suficiente. Não quero nem olhar para ela". Você lhe diz:

1. Vamos analisar as circunstâncias para ver as motivações de Juliana.
2. De que casos concretos você deduz essa opinião?
3. Daqui em diante trate de evitar relações com Juliana.
4. Acho que você é muito suscetível.
5. Tenha paciência. Isso não é assim tão grave.
6. Parece que você tem problemas pessoais com Juliana.

D. Você foi coordenadora de uma equipe de trabalho para realizar um projeto específico, mas há um companheiro que não apresenta bom resultado e você o chama para conversar.

Ele chega e lhe diz: "Só vim porque você mandou me chamar, mas não tenho nada para comentar com você". Você lhe diz:

1. Vamos lidar com esta situação com calma.
2. Seja um pouco mais humilde.
3. O que você pensa sobre esta minha atitude de chamá-lo para conversar?
4. Minha tarefa de coordenadora é muito difícil, você deveria ter consideração para comigo.
5. Tenho a impressão de que você é uma pessoa auto-suficiente; no fundo, insegura.
6. Você veio porque o chamei. Não porque acredite que eu possa cooperar com você.

E. Você recebe notícias de que seu filho vai mal nos estudos. Em seguida o chama e ele reage, dizendo: "Não entendo por que quer conversar; faço o que posso no colégio e não me queixo". Você lhe responde:

1. Você considera uma censura o fato de eu lhe pedir que conversemos sobre seus estudos?
2. O que está querendo dizer quando diz que faz o que pode?
3. Você se esforça para estudar, mas não procura a ajuda de um bom aluno ou de algum professor.
4. Seja mais compreensivo com as insinuações que lhe faço, porque são bem-intencionadas.
5. Calma. Isso faz parte da minha obrigação. Não há problema.
6. Filho, acho que você é auto-suficiente.

F. Um de seus alunos lhe declara o seguinte: "Estou decidido a ter êxito na vida, custe o que custar. Até atropelarei quem se puser no meu caminho. Quero ser alguém na vida". Você lhe responde:

1. Acho que você precisa de uma entrevista com a psicopedagoga.
2. Não me parece uma boa idéia atropelar quem se puser no seu caminho.
3. Você acha necessário obter êxito e não retrocederá.
4. Com seu dinamismo, o sucesso está garantido.
5. Para você, quais são os fatores de êxito na vida?
6. Acho que você está falando com agressividade.

G. Um pai de família lhe diz o seguinte: "A educação está em decadência. Não entendo esta forma tão estranha de ensinar. Antes, tudo era melhor". Você lhe diz:

1. Você acha que antes as coisas eram mais bem-feitas nos colégios.
2. Estude de novo os cadernos e apontamentos de seus filhos.
3. Sim, senhor... o vinho bom vem em vasilhas velhas.
4. Sim, senhor, para nós é difícil aceitar estas mudanças.
5. Os professores de hoje são um pouco paternalistas.
6. Por que será que houve perda de qualidade?

H. Em um curso de capacitação para professores, um companheiro comenta com você: "Não sei para que são estes cursos; ninguém vai me ensinar o que eu já sei fazer". Você lhe responde:

1. Vamos falar da sua experiência: quando você estudou para ser professor?
2. Acho que devemos aprender a reconhecer os valores das pessoas que dinamizam estes cursos.
3. Você está errado... talvez esteja um pouco velho.
4. Cada época prepara seus próprios professores.
5. Aconselho você a assistir a este curso; depois falaremos.
6. Leve este curso como um descanso para você... não se desespere.

I. O coordenador do colégio manda chamá-lo e lhe diz: "Eu o chamei para me queixar de seu filho. Não estuda, não faz os trabalhos de casa; quando chamo sua atenção, ele me responde com arrogância. É preciso tomar medidas drásticas contra seu filho". Você diz ao coordenador:

1. Este é um incidente isolado sem importância.
2. Você acha que meu filho lhe faltou com o respeito?
3. O trabalho de coordenador implica muitas tensões.
4. Vejo que você se deixou acovardar pelos alunos.
5. O que você fez para conseguir uma mudança de atitude em meu filho?
6. Vamos esperar uma semana para ver se ele muda. Dê-lhe um tempinho.

J. Um colega de trabalho do colégio lhe diz: "O coordenador da escola está armando para cima de mim; passa o tempo me vigiando, me controlando, perguntando por mim, me chamando a atenção. Já não o agüento". Você lhe diz:

1. Claro! Vigilância contínua produz nervosismo...
2. Você gostaria que o coordenador o vigiasse menos.
3. Meu amigo, o que acontece é que você é muito suscetível e nervoso.
4. Aconselho-o a ter mais tranqüilidade.
5. Não dê importância a isso. Você é um bom professor.
6. Mas o que você faz? Em que casos concretos ele lhe chamou a atenção?

Terminado o percurso pela Galeria e marcadas as opções, continua-se com os seguintes passos:

✓ Passa-se a descobrir os nomes das atitudes, tendo em conta que estão localizadas nas filas, como segue:

A	B	C	D	E	F	G	H	I	J
			Primeira fila:						

✓ Recomenda-se não revelar o resultado senão no final, quando o grupo tiver feito o exercício de atribuir nome às atitudes e realizado uma reflexão a respeito.

✓ Depois os nomes são confirmados ou revelados e faz-se uma análise séria considerando-se a situação da atitude de cada um dos presentes.

✓ Pode ajudar atribuir-se a cada opção marcada o valor de 10%, possibilitando, assim, conhecer qual é a atitude predominante, ou quais se combinam, em termos percentuais.

Eis algumas idéias para motivar a reflexão e aprofundar cada uma das atitudes.

1ª atitude: Conselheira. A Bíblia diz: "Não dê conselhos a ninguém, porque o sábio não necessita deles e o insensato não os vai ter em conta". Um ditado popular enuncia: "Não peça conselho porque corre o risco de recebê-lo". Em nossa cultura há uma dupla tendência a pedir conselhos e dá-los. Contudo, vale a pena refletir sobre esta atitude. Quão válida é neste tempo? Até que ponto, numa visão acadêmica, se limitam a iniciativa pessoal, a criatividade e a capacidade de risco quando se aconselha? Em educação, um conselho é como uma pauta de ação, uma indicação, uma recomendação. Ao falar sobre esta atitude, identificar os prós e contras e citar anedotas e experiências.

2ª atitude: Qualificadora. Qualificar é pôr um selo, uma marca no aluno. E já se sabe muito bem as conseqüências desta atitude. O subconsciente capta tudo e depois dirige ações inconscientes na pessoa. Dizer a uma criança: "Você não serve para matemática!" é grave. Por conseguinte, o resultado é óbvio, a criança não vai servir para matemática. Atenção a esta atitude, caros mestres. Se puserem selos nos alunos, que sejam positivos, como: "Você dá conta da matemática, sim. Você pode dominá-la"; "A matemática está nas suas mãos".

3ª atitude: Permissiva. Isto é, avalizar o que um aluno está fazendo com base em informações incompletas e parciais. Será esta atitude conveniente? Será contraproducente dar apoio parcial? Será correto apoiar um aluno dizendo-lhe: "Não se preocupe com o que o coordenador diz de você; você é um bom aluno"? Será que ao proceder desta maneira se lhe está autorizando tacitamente a prosseguir com o comportamento que traz? Refletir.

4ª atitude: Interpeladora. Isto é, perguntar e perguntar. Uma atitude recomendável para inquietar, questionar, pôr a pensar. Interpelar leva a buscar respostas e novas perguntas, e também a não encerrar as aulas; os temas não devem ser concluídos; devem permanecer abertos com muitas interrogações. Aprofundar.

5ª atitude: Interpretadora. Neste caso são tiradas conclusões sem que se tenha elementos suficientes. A interpretação é uma atitude que se deve assumir depois de uma análise apoiada em informação suficiente.

6ª atitude: Analítica. Esta é a atitude por excelência da época atual. É a atitude do diálogo, da conversação, da reflexão, do discernimento e do aprofundamento; é também atitude de acompanhamento. A análise apóia-se em uma informação completa e serve para uma interpretação, se não a mais acertada, pelo menos correta, sincera e ajuizada.

Sugere-se aprofundar a reflexão sobre cada uma das atitudes e dialogar com base em perguntas como as seguintes:

- ✓ Quais destas atitudes pratico mais?
- ✓ Até que ponto estas atitudes que pratico são válidas diante dos alunos de hoje, no contexto atual?
- ✓ Quais atitudes estão hoje deslocadas e devem ser eliminadas e, pouco a pouco, canceladas de todo?
- ✓ Quais atitudes devem ser praticadas e fortalecidas hoje em dia? Por quê?
- ✓ Que atitudes devem combinar-se, de que maneira e em que ordem, para que se tenham atitudes integradas, úteis e benéficas para o ambiente educativo e a festa da aprendizagem?

QUE CADA PARTICIPANTE FAÇA SUA AUTO-AVALIAÇÃO E ASSUMA UM COMPROMISSO PARA FORTALECER AS ATITUDES PEDAGÓGICAS MAIS DE ACORDO COM ESTES TEMPOS.

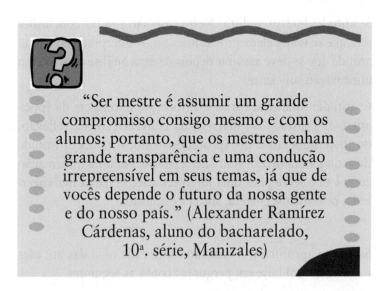

"Ser mestre é assumir um grande compromisso consigo mesmo e com os alunos; portanto, que os mestres tenham grande transparência e uma condução irrepreensível em seus temas, já que de vocês depende o futuro da nossa gente e do nosso país." (Alexander Ramírez Cárdenas, aluno do bacharelado, 10ª. série, Manizales)

1.1. Reflexão pedagógica

"A verdadeira mudança deve se originar a partir de dentro." (Jerry Sternin)

TÉCNICA GRUPAL: Focos e turnos. Ver os detalhes desta técnica na p. 296.

MATERIAL DE APOIO: Parábolas de Anthony de Mello sobre a educação, tomadas de *La oración de la rana 2* [A oração da rã 2], unicamente com fins acadêmicos.

PARÁBOLA PARA O FOCO A

Um homem decidiu ministrar doses maciças de óleo de fígado de bacalhau a seu cão Doberman, porque lhe haviam dito que era muito bom para os cães. De modo que todos os dias prendia entre os joelhos a cabeça do animal, que resistia com todas as suas forças, obrigava-o a abrir a boca e vertia-lhe o óleo pela goela abaixo.

Um dia, porém, o cão conseguiu se soltar e o óleo caiu no chão. Então, para assombro de seu dono, o cão voltou docilmente a ele em uma clara atitude de querer lamber a colher. Foi então que o homem descobriu que o que o cão rejeitava não era o óleo, mas o modo de ministrá-lo.

PARÁBOLA PARA O FOCO B

Ao se dar conta de que seu pai estava envelhecendo, o filho de um ladrão lhe pediu: "Pai, ensine-me seu ofício, para que, ao se aposentar, eu possa seguir a tradição da família".

O pai não disse nem uma palavra, mas naquela noite levou o rapaz consigo para assaltar uma casa. Uma vez dentro, abriu um grande armário e ordenou a seu filho que averiguasse o que havia dentro. Mal o rapaz havia entrado no armário, o pai fechou violentamente a porta e deu a volta à chave, fazendo tanto ruído que conseguiu despertar a casa toda. Em seguida, afastou-se tranqüilamente.

No interior do armário, o rapaz estava aterrorizado, indignadíssimo e se perguntando como conseguiria escapar.

Então teve uma idéia: começou a miar como um gato, com o que um criado acendeu uma vela e abriu o armário para deixar sair o animal. Quando a porta se abriu, o rapaz saltou para fora e todo mundo foi atrás dele.

Ao deparar com um poço que havia junto ao caminho, o rapaz lançou nele uma enorme pedra e se ocultou nas sombras; ao cabo de um tempo, conseguiu escapulir, enquanto seus perseguidores esquadrinhavam o poço na esperança de nele descobrir o ladrão.

De volta à sua casa, o rapaz se esqueceu do enfado, impaciente que estava para contar sua aventura. Mas seu pai lhe disse: "Para que você está me contando essa história? Você está aqui e é isso que importa. Já aprendeu o ofício".

PARÁBOLA PARA O FOCO C

Com a ajuda de um manual de instruções, uma mulher passou horas tentando montar um aparelho que acabara de comprar. Finalmente, rendeu-se e deixou as peças espalhadas em cima da mesa da cozinha.

Imagine a surpresa dela quando, ao fim de várias horas, regressou à cozinha e verificou que a sua auxiliar havia montado o aparelho e este funcionava com perfeição.

– Mas como você conseguiu fazer isso? – perguntou-lhe, assombrada.

– Veja, senhora... quando alguém não sabe ler, se vê obrigado a usar o cérebro – respondeu tranqüilamente.

PARÁBOLA PARA O FOCO D

Três rapazes acusados de roubar umas melancias foram conduzidos ao tribunal e apresentados perante um juiz, de quem esperavam o pior, porque tinha fama de ser homem muito severo.

No entanto, ele era também um prudente educador. Após dar um golpe com o martelo, o juiz disse: "Qualquer dos presentes que não tenha roubado uma melancia quando era rapaz que levante a mão". E ficou esperando. Tanto os funcionários da audiência como os policiais, os espectadores e até o próprio juiz mantiveram suas mãos quietas. Satisfeito por ninguém na sala ter erguido a mão, o juiz declarou: "Caso encerrado".

PARÁBOLA PARA O FOCO E

Um velho marinheiro deixou de fumar quando viu que seu papagaio tossia cada vez mais. Tinha receio de que o fumo de seu cachimbo, que quase sempre enchia a casa, fosse prejudicial para a saúde do louro.

Depois fez com que um veterinário examinasse seu animal. E, após um conscienscioso exame, o veterinário chegou à conclusão de que o louro não padecia de psitacose nem de pneumonia. Simplesmente, imitava a tosse do fumante empedernido que era o seu dono.

PARÁBOLA PARA O FOCO F

Um filósofo que tinha um único par de sapatos pediu ao sapateiro que os consertasse enquanto ele esperava.

– É hora de fechar – disse-lhe o sapateiro –, de modo que não posso consertá-los agora. Por que você não vem buscá-los amanhã?

– Não tenho mais que este par de sapatos e não posso andar descalço.

– Isso não é problema: emprestarei a você um par de sapatos usados até amanhã.

– Como diz? Eu... levar os sapatos de outro? Por quem me toma?

– E qual é o problema de você levar nos pés os sapatos de outro quando não lhe importa levar as idéias de outras pessoas em sua cabeça?

PARÁBOLA PARA O FOCO G

A pequena Mary estava na praia com sua mãe.

– Mamãe, posso brincar na areia?

– Não, minha vida, não quero que você suje o vestido.

– Posso andar pela água?

– Não, você ficaria doente e apanharia um resfriado.

– Posso brincar com as outras crianças?

– Não, você se perderia no meio da gente.

– Mamãe, me compra um sorvete?

– Não, faz mal à sua garganta.

A pequena Mary, então, se pôs a chorar. E a mãe, voltando-se para uma senhora que se encontrava a seu lado, lhe disse: "Santo Deus! Você já viu que menina tão neurótica?".

✓ Depois de passar pelos sete focos, os quais permitiram aos participantes estudar todas as parábolas, com diferentes companheiros de cada vez, e trocar impressões, propõe-se um plenário para sublinhar os elementos relevantes, tendo em conta os conhecimentos, as experiências e os testemunhos.

Contribuições para o diálogo:

1. A importância dos métodos e das estratégias, que influem na participação e no estudo dos temas. O problema em muitos casos não é O QUE se está ensinando, mas COMO se está ensinando. Pode ser que o tema seja muito importante, sirva muito, tenha sentido e significado para a vida dos presentes, mas a metodologia não é a apropriada, a forma é monótona e aborrecida. Dos alunos inquiridos para este trabalho, 44,2% manifestam que o que caracteriza um bom mestre é sua boa metodologia, e consideram-na assim quando é dinâmica, ativa e participativa.

2. Uma metodologia que permita a exploração, a experimentação e a criatividade é muito apreciada e motiva os alunos a "se envolverem na história". Claro que, na pa-

rábola, o pai abandona o filho à sua própria sorte. Na educação não se pode fazer o mesmo: o aluno requer acompanhamento. Independentemente do ofício do pai, é importante destacar o significado do pedido do filho: "Pai, ensine-me o seu ofício". Oxalá algum dia o aluno diga a seu professor: "Mestre, ensine-me seu ofício".

3. A auxiliar monta o aparelho porque não sabe ler e tem que utilizar o cérebro. Eis a importância de não dar tudo esmiuçado aos alunos; o que eles precisam são pautas, insinuações. O professor não tem por que percorrer o caminho que corresponde ao aluno. É preciso colocá-los em situação de aprendizagem para que vivenciem seu próprio processo.

4. É fundamental conhecer os alunos, suas características, sua época, seu momento. O mestre não pode cair no erro de julgar seus alunos pelo que fazem, mas deve acompanhá-los para que não repitam a história de seus pais e mestres quando estes eram jovens. A vida não pode converter-se em um círculo vicioso no qual se repete continuamente a dos antepassados, porque estaríamos marcados ou condenados; ao contrário, é preciso romper a cadeia para iniciar já a renovação e a recriação.

5. A parábola do louro faz pensar nos "pressupostos"; em educação não se pode supor, porque se cometem equívocos. Primeiro é preciso aglutinar informação, depois processá-la, analisá-la e, finalmente, interpretá-la para tomar decisões. Estes passos devem ser levados em conta para o exercício da docência e para o estudo dos diferentes temas.

6. Somos muito suscetíveis para usar as coisas dos demais; mas não o somos para levar suas idéias. Nesse sentido, o importante é permitir que as crianças e os jovens gerem

suas próprias idéias e que se respeitem, que se permita sua participação e se lhes conceda o direito a equivocar-se, de bater o pé sem que nada de grave aconteça. É uma oportunidade para praticar a sã tolerância. E se há idéias importantes de outras pessoas ou de diferentes autores, o mais correto talvez seja assumi-las com propriedade para que não pareçam um retalho velho em um vestido novo.

7. É importante que nos perguntemos enquanto mestres: em que ocasiões será que somos os que, com palavras ou atitudes, provocamos as reações dos alunos, seus protestos, suas "rebeldias"? É muito fácil criticar os alunos e nos queixarmos de seu comportamento. Mas não será melhor olharmos para nós mesmos: que fazemos, como os tratamos?

Um plenário é uma ocasião propícia para refletir sobre as atitudes que praticamos como mestres diante dos nossos alunos.

Tirar conclusões. Deixar mensagens e questionamentos que contribuam para delinear novamente a missão do mestre.

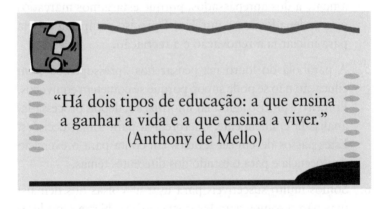

"Há dois tipos de educação: a que ensina a ganhar a vida e a que ensina a viver."
(Anthony de Mello)

1.2. Evocando informação

> Gabriel García Márquez afirma: "Há aqueles que consideram que seu destino não dependeu tanto do que aprenderam na escola como da astúcia e da obstinação com que enganaram os obstáculos de pais e mestres".

TÉCNICA GRUPAL: Bingo didático. Ver p. 260.

MATERIAL DE APOIO: Cinqüenta perguntas com suas respectivas respostas sobre temas de educação, pedagogia e didática.

Observação:

À luz da experiência, não é acertado afirmar que em questões de educação, pedagogia e didática é preciso passar uma borracha e começar de novo, porque ao longo da história tem havido inúmeras contribuições que progressivamente enriqueceram o exercício docente. Além disso, é conveniente conservar e praticar propostas que continuam sendo válidas.

Propomos o seguinte percurso para repensar termos, idéias, experiências e propostas.

Trata-se de recordar para suscitar o comentário, a controvérsia e a conversação anedótica à luz de idéias que, em alguns casos, já cumpriram seu ciclo, em outros continuam sendo válidas e, ainda em outros, estão sendo substituídas por idéias novas. Umas e outras, de alguma maneira, continuam enriquecendo e dando elementos para o exercício vocacional do mestre.

De todas as maneiras, este exercício é um desafio à memória, ao estudo e ao desempenho.

Na seqüência, apresentamos os cartões para o jogo, os quais permitem organizar seis subgrupos de trabalho.

B	**I**	**N**	**G**	**O**
Jean Piaget	Centrada na criança	Emílio	Túnel	Simpósio
John Dewey	Pedagogia experimental	Carmides	Supermercado Betucar	Fichas pares
Roger Cousinet	A experiência	1	Oficina	Painel
Juan Bautista de la Salle	A didática magna	Desenvolvimento à escala humana	Focos e turnos	Fichas múltiplas
Carl Ransom Rogers	Coletiva	Educação e democracia	Retiro	Foro

B I N G O

Célestin Freinet	Desenvolvimento harmônico das faculdades humanas	A educação encerra um tesouro	Convivência	Debate
Jean Piaget	Centrada na criança	Emílio	Túnel	Simpósio
Luis Amigó	A ética	2	Ensaio	Mesa-redonda
Roger Cousinet	A experiência	Colômbia: estudar para a oportunidade	Oficina	Painel
Paulo Freire	Ao raciocínio	Formação integral	Seminário	Entrevista

B I N G O

MARIA MONTESSORI	OS OBJETOS MAIS SIMPLES E MAIS FÁCEIS	O PARADIGMA EMERGENTE	PROTOCOLO	SOCIODRAMA
CARL RANSOM ROGERS	COLETIVA	EDUCAÇÃO E DEMOCRACIA	RETIRO	FORO
JUAN ENRIQUE PESTALOZZI	ABSTRAIR E FORMAR CONCEITOS	3	RELATÓRIO	SOLILÓQUIO
CÉLESTIN FREINET	DESENVOLVIMENTO HARMÔNICO DAS FACULDADES HUMANAS	A EDUCAÇÃO ENCERRA UM TESOURO	CONVIVÊNCIA	DEBATE
JOHN DEWEY	PEDAGOGIA EXPERIMENTAL	CARMIDES	SUPERMERCADO BETUCAR	FICHAS PARES

B	I	N	G	O
Juan Bautista de la Salle	A didática magna	Desenvolvimento à escala humana	Focos e turnos	Fichas múltiplas
Luis Amigó	A ética	Declaração sobre a educação cristã da juventude	Ensaio	Mesa-redonda
Jean Piaget	Centrada na criança	4	Túnel	Simpósio
Paulo Freire	Ao raciocínio	Formação integral	Seminário	Entrevista
Roger Cousinet	A experiência	Colômbia: estudar para a oportunidade	Oficina	Painel

B I N G O

Carl Ransom Rogers	Coletiva	Educação e democracia	Retiro	Foro
Maria Montessori	Os objetos mais simples e mais fáceis	O paradigma emergente	Protocolo	Sociodrama
Célestin Freinet	Desenvolvimento harmônico das faculdades humanas	5	Convivência	Debate
Juan Enrique Pestalozzi	Abstrair e formar conceitos	Psicologia e pedagogia	Relatório	Solilóquio
Luis Amigó	A ética	Declaração sobre a educação cristã da juventude	Ensaio	Mesa-redonda

B I N G O

PAULO FREIRE	AO RACIOCÍNIO	FORMAÇÃO INTEGRAL	SEMINÁRIO	ENTREVISTA
JOHN DEWEY	PEDAGOGIA EXPERIMENTAL	CARMIDES	SUPERMERCADO BETUCAR	FICHAS PARES
MARIA MONTESSORI	OS OBJETOS MAIS SIMPLES E MAIS FÁCEIS	6	PROTOCOLO	SOCIODRAMA
JUAN BAUTISTA DE LA SALLE	A DIDÁTICA MAGNA	DESENVOLVIMENTO À ESCALA HUMANA	FOCOS E TURNOS	FICHAS MÚLTIPLAS
JUAN ENRIQUE PESTALOZZI	ABSTRAIR E FORMAR CONCEITOS	PSICOLOGIA E PEDAGOGIA	RELATÓRIO	SOLILÓQUIO

Eis as perguntas, os enunciados ou pautas:

B

1. Sua contribuição principal para a pedagogia são os estudos sobre a inteligência e o desenvolvimento psicogenético do pensamento em suas diferentes manifestações: linguagem, juízo, raciocínio, conceitos do espaço e do tempo, princípio de causalidade, critério moral etc.

2. Foi um dos promotores de uma pedagogia baseada em um movimento profundo do aluno e orientada para responder às suas necessidades. Impulsionou o trabalho livre em grupos. O mestre deve estar presente, em estado de disponibilidade permanente.

3. A concepção educativa deste personagem propôs uma mudança nas estruturas tradicionais partindo de uma mudança de comportamento nas atitudes de direção dos pais dos alunos e nos próprios alunos. É necessária uma transformação interna já que a educação centrada no aluno não se impõe a ninguém.

4. Criador da pedagogia popular e da cooperativa escolar. Iniciou um movimento de renovação pedagógica, que se fundamentou na cooperação educativa; preocupou-se em procurar os meios para restabelecer a continuidade entre a vida e a escola. É a vida que se desenvolve através do meio; à pedagogia cumpre a missão de potencializá-la e enriquecê-la.

5. A pedagogia inspirada neste educador parte da pessoa e da necessidade psicoafetiva da criança, do adolescente ou

do jovem caído para curar e sanar. Esta educação tem a ver com a formação da pessoa e seu desenvolvimento, sem perder de vista a sua autonomia e dimensão cultural. É a pedagogia da reeducação.

6. A educação como prática da liberdade supõe, para este autor, a conscientização, que consiste em transcender a esfera espontânea da apreensão da realidade para se situar na esfera crítica, onde a realidade se dá como objeto cognoscível e na qual o homem assume, portanto, uma posição epistemológica. Trata-se de uma ação-reflexão na qual o sujeito faz e refaz o mundo, transformando-o.

7. O método deste personagem outorga um papel primordial aos sentidos, para cada um dos quais há um material específico e uma atividade motriz. Seu método é de investigação e de trabalho, em que a criança atua com liberdade, permitindo-lhe criar um meio adequado para experimentar, atuar, trabalhar, assimilar e nutrir seu espírito.

8. Este autor queria criar uma sociedade realmente ética, na qual Deus seria adorado, a moral seria reconhecida e o espírito criador do homem seria estimulado. Seu princípio-chave: "É a vida que educa"; e se assim é, não vale isolar o educando da sociedade, posto que a vida é também experiência social, na família e na sociedade civil, com suas riquezas, seus riscos e suas graves insuficiências.

9. Este pensador preocupava-se com a educação tradicional que preparava a criança para a vida adulta. Propôs que a educação não retirasse a criança de sua realidade, mas a ajudasse a resolver os problemas suscitados pelos contatos habituais com os ambientes físico e social. Seu principal interesse era que a escola fosse um prolongamento

simplificado e ordenado das situações sociais. Alicerçava seus programas nas necessidades da criança.

10. Segundo este educador, os mestres devem propor a cada aluno, em cada disciplina, um trabalho adaptado à sua idade, a seus conhecimentos, a seus progressos e ainda a seu temperamento. Propôs eficácia nas aulas pelo esmero na sua preparação, a fim de que não se dissesse nada que não fosse certo, logicamente ordenado e, também, apresentado de maneira interessante.

11. Assim Maria Montessori denomina sua concepção pedagógica.

12. Esta é a obra clássica de Jan Amos Comenius.

13. Que tipo de pedagogia postula Edouard Claparède?

14. Esta é a base da educação como a concebe Juan Luís Vives.

15. Tipo de ensinamento que Ovide Decroly privilegia.

16. O que é a educação para Friedrich Froebel?

17. O que determina os fins da educação, segundo J. Friedrich Herbart?

18. A que apela a pedagogia de John Locke?

19. Para conduzir o pensamento em ordem, segundo René Descartes, por onde devemos começar?

20. De que são capazes os sentidos, segundo Aristóteles?

N

21. "Nascemos frágeis, temos necessidade de força; nascemos desprovidos de tudo, temos necessidade de assistência; nascemos estúpidos, temos necessidade de juízo. Tudo o que não possuímos no nascimento e de que temos grande necessidade quando mais velhos é-nos dado pela educação."

22. "Uma educação inconforme e reflexiva, desde o berço até o túmulo, que nos inspire um novo modo de pensar e nos incite a descobrir quem somos em uma sociedade que se goste mais. Que aproveite ao máximo nossa criatividade inesgotável e conceba uma ética – e talvez uma estética – para nosso afã desaforado e legítimo de superação pessoal."

23. "Reconstruamos a idéia de desenvolvimento como desenvolvimento do homem, e não tenhamos a falsa idéia de que a técnica, a capacidade de manipular a natureza e os outros homens é a definição do progresso humano. A educação que abaixa a cabeça diante da técnica e a tem como sua meta e seu paradigma é necessariamente a mais repressora de todas as educações."

24. "Aprender a conhecer, aprender a fazer, aprender a viver juntos e aprender a ser são quatro pilares da educação que não podem se limitar a uma etapa da vida ou a um só lugar [...] Aprender para conhecer supõe, primeiro, aprender a aprender, exercitando a atenção, a memória e o pensamento."

25. "Os pais, que transmitiram a vida aos filhos, têm uma gravíssima obrigação de educar a prole e, por isso, devem ser reconhecidos como seus primeiros e principais educa-

dores. Esta função educativa é de tanto peso que, onde não existir, dificilmente poderá ser suprida."

26. "A razão de ser da educação não pode ser outra senão a formação humana [...] sua tarefa consiste em impregnar os processos educativos de valor formativo [...] sua intenção é elucidar as condições humanas de cada ser e de todos enquanto humanidade, possibilitando a contínua criação de mundos com sentido."

27. "Somos inúmeros os professores que sustentamos que nosso objetivo principal é ensinar os estudantes a pensar. Entretanto, a psicologia do pensamento não nos dá senão idéias vagas sobre sua natureza. Por este motivo, sabemos muito pouco sobre as etapas precisas que devem ser percorridas para ensinar os alunos a pensar, e a maioria dos professores que se vangloriam de ensinar seus alunos a pensar propõe, depois, temas de avaliação que se referem quase exclusivamente ao conhecimento de fatos e à aplicação de técnicas."

28. "As funções essenciais da inteligência consistem em compreender e inventar. Em outras palavras, em construir estruturas, estruturando o real. Com efeito, cada vez parece mais claro que estas duas funções são indissociáveis [...]."

29. "[...] somente o sábio se conhece a si mesmo e está em condições de julgar o que sabe e o que não sabe. Do mesmo modo, somente o sábio é capaz de reconhecer, em relação aos demais, o que cada um sabe acreditando sabê-lo, como também o que cada um acredita saber, não o sabendo. Resumindo, ser sábio, a sabedoria, o conhecimento de si mesmo – tudo se reduz a saber o que se sabe e o que não se sabe."

30. "Quantos de nós compreendemos realmente os problemas que estamos tentando resolver? A resolução de problemas pertence ao campo do conhecimento e requer um pensamento fragmentado. No campo da compreensão, a apresentação e a resolução de problemas não têm sentido, porque devemos enfrentar transformações que começam com e dentro de nós mesmos."

31. Documento construído individualmente pelos participantes, anterior à sessão presencial e ligado a temas concretos de estudo, apresentados em documentos, livros ou artigos. Constitui-se em um insumo que permite aos participantes chegar preparados à classe. Não é um resumo, nem a simples união de frases tomadas de um texto, mas uma reconstrução a partir da apropriação da temática.

32. Documento construído pelo grupo expressando os acordos e desacordos aos quais chegaram. Registra por escrito a dinâmica do trabalho e serve de união entre uma sessão e outra. Identifica o processo de problematização do coletivo e apresenta em linguagem documental e epistêmica as conclusões, inferências e novos problemas.

33. Sessão ou sessões que contribuem para que o saber e o poder, as convicções e formas de conduta adquiridas nas classes, no estudo privado e em outras formas de estudo se ampliem, complementem e comprovem. Ali chegam as perguntas e os problemas não solucionados. Uma de suas funções é contribuir para o desenvolvimento de qualidades da personalidade com o fim de poder exercer a ativi-

dade científica independentemente; exercita capacidades tais como: perceber e reconhecer o essencial, relacionar, comparar, avaliar, ordenar, definir, fundamentar, provar, refutar, concluir, aplicar, analisar etc.

34. É uma mescla entre a arte e a ciência. Não é um comentário, mas uma reflexão, quase sempre a partir da reflexão de outros. Move-se mais nos juízos e no poder dos argumentos – e não em opiniões gratuitas. Sustenta-se nas idéias. Não pode cair no parecer ou na suposição. Soma as idéias em vez de colocá-las uma atrás da outra, tecendo-as de maneira organizada.

35. Forma de trabalho grupal que se organiza para partilhar experiências, estudar e observar de fora como vão as relações dos membros de certo grupo que, em geral, estudam ou trabalham em um mesmo centro ou, pelo menos, têm os mesmos objetivos ou muitos fatores comuns e buscam alcançar sonhos semelhantes. É uma integração de trabalho, estudo, reflexão, um partilhar de vivências e bens.

36. Forma de trabalho que se costuma realizar, em alguns casos, de forma individual, e, em outros, em pequenos ou grandes grupos, mas que sempre busca a reflexão, o estudo e a meditação profunda. É utilizada para avaliar o caminho, revisar a vida, tomar uma decisão-chave para a vida, ou tomar novos rumos. Deve ser desenvolvida, preferencialmente, em lugares afastados do ruído e de interferências.

37. Conjunto de atividades teórico-práticas que uma equipe de estudantes realiza de forma coordenada, ao redor de um tema concreto, com o fim de encontrar alternativas de solução. Não é uma simples reunião para falar. Promove as potencialidades, cultiva os valores de participação

e trabalho em grupo. Esta forma de trabalho e estudo implica coleta de informação, análise da realidade, planejamento e tomada de decisões; além disso, propicia autoavaliação, dentre outras coisas.

38. Forma de trabalho grupal ou técnica que obriga a conhecer muito bem o tema de estudo para ser um membro útil da equipe. Esta técnica consiste em reconhecer o companheiro que coordenará o trabalho de todos, identificar o colega com o qual cada um vai dividir o processo e reconhecer o texto para cooperar com a localização de todos a fim de ter êxito e poder seguir adiante.

39. Forma de trabalho que leva os participantes a resolver vários problemas com diferentes companheiros a cada vez. Há uma rotação que organiza muito bem os movimentos e permite que todos resolvam os exercícios. É uma forma de permitir que haja integração e desempenho de papéis diferentes cada vez que se chega a um grupo diferente. Motiva, estimula a participação e a dinâmica dentro da classe.

40. Esta técnica de trabalho grupal leva todos os participantes a realizar um estudo em subgrupos com muita participação e criatividade. Basicamente, é uma técnica que coloca um grupo para trabalhar o tempo todo em um tema ou em subtemas determinados, com diferentes recursos didáticos. É de muita exigência, organização e atenção. Cultiva os valores da responsabilidade e do respeito. Requer um espaço amplo para organizar os pontos de atenção para os participantes, nos quais se colocam monitores. Requer um material prévio bem elaborado.

41. É uma reunião de pessoas que têm grande conhecimento a respeito de algum tema; especialistas ou *experts* que expõem ao auditório suas idéias e conhecimentos, sucessivamente, integrando assim um panorama o mais completo possível acerca de um assunto determinado.

42. Os expositores dialogam, conversam, debatem entre si o tema proposto, a partir de seus pontos de vista e especializações, em um ambiente informal, mas com um desenvolvimento coerente, com raciocínio, objetivo, sem derivar em disquisições alheias ou distanciadas do tema em apreciações demasiado pessoais, mostrando uma visão relativamente completa.

43. Este nome recorda as grandes assembléias romanas. Aqui todos os presentes têm a oportunidade de participar, tratando ou debatendo um tema ou problema apresentado. Costuma ser realizado depois de uma atividade de interesse geral observada pelo auditório. Permite a livre expressão de idéias e opiniões, em um clima informal de poucas limitações.

44. Trata-se de uma intercomunicação direta entre duas pessoas. Devem ser pessoas experientes, capacitadas ou especialistas no tema. O diálogo deve ter informação, atualização, opiniões ou pontos de vista de certa significação ou importância. O grau de informalidade depende das circunstâncias, da modalidade dos protagonistas, das expectativas do grupo, da integração de idéias, engenhosidade e dinamismo dos protagonistas.

45. Esta técnica é utilizada quando se deseja dar a conhecer a um auditório os pontos de vista divergentes ou contraditórios de vários especialistas sobre um determinado tema. Os integrantes devem ser escolhidos, sabendo que tomarão posições opostas. Devem ser bons conhecedores da matéria e hábeis para defender sua posição com argumentos.

46. É um interrogatório realizado perante o grupo, por um de seus membros, com uma pessoa capacitada ou especialista em um tema. Permite obter informação, opiniões, conhecimentos especializados, atualização de temas. É muito útil nos processos de ensino e aprendizagem. Previne os riscos de uma dissertação ou conferência porque o interrogador orienta o desenvolvimento e propõe os pontos de interesse.

47. É uma técnica que permite a participação, a aprendizagem e a ação. Permite, também, a atuação de situações da vida real em um meio livre de riscos. É uma situação que permite receber retroalimentação acerca do comportamento dos participantes, o que facilita aprender através do que outros vêem, ouvem e experimentam. Esta técnica permite aprender o tempo todo.

48. Esta técnica aumenta o conhecimento da pessoa sobre quem realmente é e como o mundo a vê, quer dizer, os outros, seus interesses e necessidades. Nesta técnica, o dinamizador pode intervir e pedir à pessoa que está fazendo a representação que descreva seus sentimentos, percepções etc. Serve também para receber retroalimentação dos outros acerca de seu ponto de vista e do mundo. Quem representa o papel fala sozinho.

49. Técnica de trabalho grupal que requer fichas para que os participantes se confrontem e identifiquem por conheci-

mento ou descubram por eliminação de probabilidades, formando duplas, ao final, que explicarão diante do grupo seu achado e tudo o que ele encerra. Serve para fazer avaliações de entrada, de processo ou finais. Também é uma forma amena de repassar um tema.

50. Técnica de trabalho grupal que requer fichas que permitem a organização de grupos diferentes, em quatro oportunidades, para resolver problemas longos ou curtos, dependendo do propósito do exercício. É uma forma de trabalho em grupos que permite que os problemas não sejam resolvidos sempre pelos mesmos colegas, mas facilita o intercâmbio com todos.

✓ É muito importante que, depois de lido o enunciado, a pauta ou a pergunta que permitirá localizar a resposta no cartão, seja dado um tempo para que o subgrupo discuta, dialogue, recorde e entre em acordo sobre o que vai assinalar.

Não é um jogo simplesmente. É uma oportunidade para repassar, confrontar, consultar, estudar, avaliar, descobrir etc.

Recomenda-se sortear as perguntas e enunciados para que não sigam a ordem em que aparecem na redação.

Sugere-se que se proponha formar figuras como nos bingos sociais ou encher determinados lugares. Quando um subgrupo gritar BINGO, faz-se a confrontação. É preciso corrigir os erros e ressaltar os acertos e aproveitar ao máximo este momento para estudar.

No final, reforçar conhecimentos, complementando e mencionando citações e leituras.

Eis as respostas que devem ser mantidas em segredo até a confrontação final.

1. Jean Piaget (suíço, nasceu em 1896).
2. Roger Cousinet (francês, nasceu em 1881).
3. Carl Ransom Rogers (norte-americano, nasceu em 1902).
4. Célestin Freinet (francês, nasceu em 1896).
5. Luis Amigó (espanhol, nasceu em 1854).
6. Paulo Freire (brasileiro, nasceu em 1921).
7. Maria Montessori (italiana, nasceu em 1870).
8. Juan Enrique Pestalozzi (suíço, nasceu em 1746).
9. John Dewey (norte-americano, nasceu em 1859).
10. Juan Bautista de la Salle (francês, nasceu em 1684).

11. Pedagogia experimental.
12. A didática magna.
13. Centrada na criança.
14. A experiência.
15. Coletiva.
16. Desenvolvimento harmônico das faculdades humanas.
17. A ética.
18. O raciocínio.
19. Os objetos mais simples e mais fáceis.
20. Abstrair e formar conceitos.

21. *Emílio*: Rousseau.

22. *Colombia:* al filo de la oportunidad [Colômbia: estudar para a oportunidade]: García Márquez.

23. *Educación y democracia.* Un campo de combate [Educação e democracia. Um campo de combate]: Estanislao Zuleta.

24. *Educação* – um tesouro a descobrir: Jacques Delors.

25. *Declaração sobre a educação cristã da juventude*: Concílio Vaticano II.

26. *Formación integral* [Formação integral]: Rafael Campo e Mariluz Restrepo.

27. *El paradigma emergente.* El pensamiento a la luz de la neurociencia [O paradigma emergente. O pensamento à luz da neurociência]: Miguel Martínez Miguélez.

28. *Psicologia e pedagogia*: Jean Piaget.

29. "Carmides": em *Diálogos* de Platão.

30. *Desarrollo a escala humana.* Una opción para el futuro [Desenvolvimento à escala humana. Uma opção para o futuro]: Manfred Max-Neef e outros.

31. Relatório.

32. Protocolo.

33. Seminário.

34. Ensaio.

35. Convivência.
36. Retiro.
37. Oficina.
38. Túnel.
39. Focos e turnos.
40. Supermercado Betucar.

41. Simpósio.
42. Painel.
43. Foro.
44. Debate.
45. Mesa-redonda.
46. Entrevista.
47. Sociodrama.
48. Solilóquio.
49. Fichas pares.
50. Fichas múltiplas.

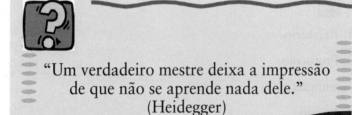

"Um verdadeiro mestre deixa a impressão de que não se aprende nada dele."
(Heidegger)

2. JESUS, O MESTRE

Motivação: Unidade na humildade

Sonia Perilla, redatora do jornal *El Tiempo*, citando o padre Carlos Novoa, diz: "Vinte e um séculos antes que no mundo se falasse da necessidade de desenvolver competências básicas nos alunos a partir da educação, Jesus destacou-se pelo uso de práticas pedagógicas similares". E não apenas isto, vinte e um séculos antes também Jesus falava de "amar com toda a mente, com todo o coração e com todas as forças"; já integrava o ser no cognitivo, no psicoafetivo e no psicomotor, ou, dito de outra maneira, já insinuava a idéia de aprender a aprender, aprender a conviver, aprender a ser e aprender a fazer. Além disso, "incluiu quem sempre foi excluído, os mais frágeis: crianças, mulheres, idosos, prostitutas, doentes, pobres". "Afastou-se das classes magistrais, nas quais o professor é amo e senhor. Deixou claro que os aprendizes também têm a palavra em seu processo de aprendizagem", escreve Sonia Perilla.

Valor-chave:

TESTEMUNHO

Esta unidade apresenta Jesus de Nazaré como Mestre dos mestres, que em seu tempo iniciou práticas metodológicas que hoje estão sendo recuperadas.

Propõe-se nesta unidade:

1. Refletir acerca da consciência que Jesus tinha de sua missão como enviado.

2. Estudar o modelo pedagógico que se descobre em suas práticas de ensino.

3. Fazer um percurso por sua metodologia discursiva, que incluía parábolas, experiências e conhecimentos, que, em sua época, representava uma revolução na forma de ensinar.

Jesus, reconheceram os seus próprios detratores, "falava com autoridade", e esta autoridade foi-lhe dada por sua vida exemplar, imaculada. Oxalá os alunos de hoje possam dizer muito em breve que seus mestres falam com autoridade.

Portanto, o equipamento de todo mestre não apenas deve ser rico em conhecimentos, descobertas e criações, mas também robusto em suas competências ética e axiológica.

ESTRATÉGIA: O passado no presente.

Propósito: Fazer atual uma mensagem do século I, aplicando-a à missão do mestre, para inseri-la em uma nova linguagem e uma nova realidade institucional.

Proposta:

- ✓ Distribuir a seguinte ficha: A UNIDADE NA HUMILDADE e conduzi-la respondendo às perguntas da coluna dois com base nas idéias da coluna um, primeiramente de maneira pessoal.
- ✓ Organizar subgrupos e partilhar o trabalho individual, com o fim de enriquecer-se mutuamente.
- ✓ Viver a experiência do grupo na totalidade.
- ✓ Tirar conclusões, ensinamentos e mensagens para o existir cotidiano. Cada frase do texto de são Paulo enriquece profundamente o presente.

A unidade na humildade
Filipenses 2,1-11

Se, portanto, existe algum conforto em Cristo, alguma consolação no amor, alguma comunhão no Espírito, alguma ternura e compaixão...	De que maneira posso integrar o amor à minha missão como mestre?
... completai a minha alegria, deixando-vos guiar pelos mesmos propósitos e pelo mesmo amor, em harmonia buscando a unidade.	Aonde devo chegar no cumprimento de minha missão? Posso afirmar que me identifico com o projeto educativo de minha instituição?

Nada façais por ambição ou vanglória, mas, com humildade, cada um considere os outros como superiores a si...	Como conseguir o cumprimento de minha missão?
... e não cuide somente do que é seu, mas também do que é dos outros.	Como posso contribuir para a construção da comunidade educativa? De que elementos preciso?
Haja entre vós o mesmo sentir e pensar que no Cristo Jesus. Ele, existindo em forma divina, não considerou como presa a agarrar o ser igual a Deus, mas despojou-se, assumindo a forma de escravo e tornando-se semelhante ao ser humano.	À luz de Jesus, o Mestre, que disposições necessito para impregnar meu trabalho com a filosofia da minha instituição? Posso confrontar meu comportamento com a pessoa de Jesus? E por que a pessoa de Jesus?
E encontrado em aspecto humano, humilhou-se, fazendo-se obediente até a morte – e morte de cruz!	Procuro viver com honrarias? Por quê?
Por isso, Deus o exaltou acima de tudo e lhe deu o Nome que está acima de todo nome, para que, em o Nome de Jesus, todo joelho se dobre no céu, na terra e abaixo da terra, e toda língua confesse: "Jesus Cristo é o Senhor", para a glória de Deus Pai.	Por último, por que ou por quem devo cumprir a missão de contribuir para o crescimento dos demais e da comunidade por meio do meu magistério?

"Os que estiverem propostos para este santo emprego devem ser humildes, caritativos, fervorosos na piedade; doces, pacientes, modestos, prudentes, exemplares. É preciso também que estejam instruídos no método de ensinar, que se ponham ao alcance da infância e da juventude." (Marie Poussepin)

2.1. Consciência de sua missão

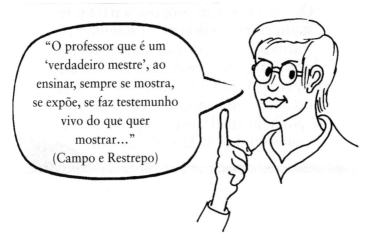

"O professor que é um 'verdadeiro mestre', ao ensinar, sempre se mostra, se expõe, se faz testemunho vivo do que quer mostrar..."
(Campo e Restrepo)

PRODUÇÃO COLETIVA

Proposta:

❖ Organizar três subgrupos.

❖ Cada subgrupo deve estudar, analisar e aprofundar o tema com base nas idéias e textos bíblicos propostos.

❖ Por meio de um recurso didático participativo e expressivo, comunicar a temática a seus companheiros de uma maneira clara e precisa, demonstrando o alcance do objetivo. É importante identificar os elementos das idéias e que estas recebam tratamento adequado. Deve haver flexibilidade, dinamismo, responsabilidade, respeito e atitude de aprendizagem permanente.

SUBGRUPO UM

- **TEMA**

O MESTRE ASSUME O ENVIO

- **OBJETIVOS**

❖ Identificar nos textos bíblicos indicados, e em outros que possam ser acrescentados, como Jesus assume o envio que o Pai lhe dirige.

❖ Transferir essa mensagem para suas vidas como mestres ativos.

❖ Demonstrar de que maneira estão assumindo ou podem assumir o envio de que são objeto, substituindo as citações bíblicas por testemunhos de suas próprias vidas.

- **IDÉIAS E TEXTOS BÍBLICOS**

Jesus tem claro que foi enviado pelo Pai (Mc 9,37; Jo 17,18; 8,42). Identifica-se com ele, acolhe o envio, assume-o com amor. Sua convicção é tão grande que o Pai e ele são um só (Jo 17,22). A incumbência que o Pai lhe dá constitui seu próprio encargo. O desejo do Pai converte-se em seu próprio desejo, em sua missão. Ao assumi-la, torna-a sua. De maneira que sua tarefa não é apenas o cumprimento de um mandato, mas a realização da sua vida, o que dá sentido à sua existência. Jesus tem claro que se deve ao Pai e que seu ministério começa nesta tomada de consciência. Enviado não para fazer qualquer coisa, mas a vontade do Pai (Jo 7,25-29; 3,17-21; Lc 4,16). Além disso, assume a realidade do homem, despoja-se da sua divindade (Fl 2,6-7).

SUBGRUPO DOIS

- **TEMA**

O MESTRE TRANSMITE A MENSAGEM INCUMBIDA

- **OBJETIVOS**

❖ Identificar nos textos bíblicos indicados, e em outros que possam ser acrescentados, como Jesus realmente ensina a mensagem que lhe foi incumbida pelo Pai e não outra coisa.

❖ Como docentes, demonstrar de que maneira estão cumprindo a missão de que foram incumbidos, substituindo as citações bíblicas por citações de suas próprias vivências.

- **IDÉIAS E TEXTOS BÍBLICOS**

Jesus dedica-se a cumprir sua missão ensinando o que tem de ensinar (Mt 1,5-12). Leva a mensagem a todos sem qualquer discriminação percorrendo a Palestina. Faz isso nos montes, nos lagos, nos caminhos, nas casas de ricos e pobres, de sãos e enfermos. Seu magistério é uma completa doação aos demais (Jo 10,14; Mt 4,23; 5,1-11; 6,1-2; Lc 4,16). Ensina o que lhe foi pedido que ensinasse. Ensina o que sabe, o que é a sua própria vida.

SUBGRUPO TRÊS

- **TEMA**

O MESTRE VIVE O QUE ENSINA

- **OBJETIVOS**

❖ Identificar nos textos bíblicos indicados, e em outros que possam ser acrescentados, como Jesus realmente vive a mensagem que ensina, como se compromete com seu ensinamento e seus discípulos.

❖ Partilhar com o grupo, na medida da experiência pessoal, até que ponto estão comprometidos com o que ensinam e com seus estudantes.

- **IDÉIAS E TEXTOS BÍBLICOS**

Jesus utiliza como método o testemunho, dá exemplo (Jo 10,11-18). Fala na primeira pessoa. As palavras que saem de sua boca são suas, não prega o que dizem outros, não opina; ele diz "Eu sou" (Jo 15,1-11; Jo 14,16). Identifica-se com o que diz. Transmite o que sente seu SER. Jesus responde ao compromisso com abnegação, com dedicação, com amor, com mística (Jo 10,11-17). Dá a vida, gasta-se, esculpe-se. A chave de seu método é o AMOR (Jo 15–17).

✓ Terminado o trabalho em subgrupos, estes partilham a produção com todo o grupo.

É bem importante aprofundar ao máximo a mensagem que esta temática dá a todos os mestres, independentemente de serem cristãos ou não. Jesus é um exemplo para toda a humanidade, crentes e não-crentes; é um modelo de pessoa e de mestre porque se despojou de sua divindade para pôr-se ao alcance da fragilidade humana.

TIRAR CONCLUSÕES.

ASSUMIR UM COMPROMISSO COMO MESTRES NOVOS.

- "Um homem está se educando quando das inúmeras forças toma as que conduzem ao amor, à verdade, à comunhão humana... quando se levanta com esperança.
- Um homem está se educando quando aprende a amar a vida, a cuidar dela, a protegê-la, a gerá-la, a esperá-la, a antecipar sua plenitude.

Os educadores
- crêem no valor da vida,
- descobriram o sentido do serviço,
- são firmes em sua esperança,
- tomam parte ativa na construção da comunhão,
- seguem sua vocação humana,
- descobriram o sentido da vida,
- são habitados pela esperança,
- foram chamados, convocados a tomar parte direta no desenvolvimento humano de outros homens,
- buscam a verdade,
- com sua vida separam o transitório do permanente..."

(Gabriel Castillo)

2.2. Modelo do Magistério de Jesus

"Meu direito a não mudar termina justamente ali onde começa o direito de meus alunos ao melhor professor que tenho interiormente, o qual, por definição, nasce a cada ano."
(Miguel Fernández P.)

ATIVIDADE UM
PRODUÇÃO PESSOAL

1. Cada um dos participantes, de maneira muito pessoal e recorrendo à sua própria experiência, vai elaborar uma produção na forma que desejar – pode ser um esquema ou algum tipo de gráfico, ou um relato, um ciclo de respostas à maneira de entrevista; qualquer que seja o caso, deve ter por base as seguintes perguntas (pode-se acrescentar outras):

- Qual é seu estilo de ensinar?
- Que elementos leva em conta ao preparar um tema, ou temas?
- Quais desses elementos funcionam para você durante a orientação dos temas?
- O que mais faz durante o processo?
- O que lhe agrada que os alunos façam?

2. Partilhar a produção pessoal em subgrupos, se houver mais de vinte participantes, ou em plenário, se o número for menor. No final, devem inferir suas próprias conseqüências e derivações; nesse sentido, é importante partilhar os resultados obtidos com o estilo de ensino peculiar de cada um.

3. Finalmente, será útil rever as semelhanças e diferenças entre uns e outros. É o momento de aprendizagem mútua.

ATIVIDADE DOIS
PRODUÇÃO COLETIVA

a) Aprofundar:

- o estilo de Jesus;
- os elementos implícitos em seu magistério;
- o que preferia fazer;
- o que suscitava em seus discípulos.

b) Responder:

- Do que aprendo de Jesus, o que posso transferir para minha vida e meu trabalho como mestre?

❖ Em que meu modelo pedagógico se parece com o de Jesus?

❖ Que elementos do modelo de Jesus vou continuar assumindo e que outros vou incluir?

c) Partilhar em plenário.

d) Assumir um compromisso de mudança.

Jesus, o Mestre

1. IDENTIDADE: Jesus, Mestre dos mestres, assume sua tarefa na Terra com uma clara consciência de sua MISSÃO. Compreende por que e para que a executa. Tem claro que foi enviado pelo PAI (Mc 9,37; Jo 17,18; 8,42) e identifica-se com ele. Acolhe o envio, assume-o com amor.

Jesus, ao cumprir a missão de que foi incumbido pelo Pai, dá sentido à sua existência.

Jesus sente em si o Espírito de Deus, e é ele quem o move a proclamar a liberdade (Lc 4,16-22). Jesus dedica-se a cumprir sua missão de libertação.

Basicamente, para Jesus, o principal é a identidade com QUEM o enviou. Sem esta identidade é impossível entregar-se plenamente à missão. Quando assume que "meu Pai e eu somos um", o envio é sua própria vida. Por isso, sua missão não é um trabalho, mas a vivência de uma vocação. Esta identidade lhe dá confiança em si mesmo, fé em suas capacidades e dons; dá-lhe força e valentia, não se sente só. Sabe que leva seu Pai a bordo.

A identidade é fundamental para todo mestre. Se ele não se identifica com nada, seu ensino não vai a lado nenhum;

se não tem identidade, não tem filosofia de vida, não tem projeto. Na vida, e sobretudo na educação, é preciso saber de onde se vem e para onde se vai. A identidade precisa disso primeiro.

2. CONTEÚDO: Jesus dedica-se a ensinar o que tem que ensinar e não outra coisa. Responde com sua pregação à necessidade do povo. Seu povo necessita da libertação, mas esta não pode ser obtida sem mais nem menos; ela requer uma base: a VERDADE (Jo 8,31-32). Por isso sua pregação se centra no reino de VERDADE, PAZ e AMOR e dá testemunho disso (Jo 14,5-7). Jesus anseia que nos identifiquemos com ele para chegar à plenitude. Para isso é necessário que nos libertemos de toda opressão, a começar pelas alienações internas (Mt 15,15-20), para que nos libertemos dos sentimentos de ciúme, ódio e vingança, para que sejamos sinceros de coração, leais, honestos, e tenhamos suas mesmas atitudes (Fl 2,1-11) a fim de que, identificados com ele, não apenas busquemos a VERDADE, digamos a VERDADE, mas, sobretudo, SEJAMOS VERDADE, amemos de coração e aprendamos SABEDORIA.

Mais que ensinar, o que busca é que as pessoas tomem consciência da situação e assumam a vida a partir de princípios éticos e valores humanos: forma pessoas para a mudança para a plenitude (Mt 15,10-20). Não se interessa em encher as pessoas de normas, leis e cláusulas, mas de amor. Por isso, ensina sintetizando nele, na lei e nos profetas (Mt 17,1-8). Mais que ensinar o Reino, leva o Reino às pessoas, aproxima-as dele. Para Jesus, a aprendizagem não é uma memorização ou admiração, mas uma identificação que se reflete na mudança de vida.

3. CONTEXTO: O contexto de Jesus é toda a Palestina. Vai até às pessoas, conhece-as e conhece suas limitações e possibilidades. Caracteriza a realidade, posicionando-se nela mesma (Lc 4,14.16.31.42; 5,1.12; 6,17; 7,1; 8,1.26). Visita ricos e pobres, sãos e enfermos (Lc 4,38-41). Desta maneira, conhece o contexto no qual foi colocado e parte dele, das características das pessoas, de sua geração (Mt 11,16-19). Compreende sua missão.

Sobe aos montes, cruza lagos, vai às casas, fala a partir de um barco, no meio da gente, prega à multidão, ensina pessoas em particular. Leva a mensagem a todos sem nenhuma discriminação (Mt 13,1; 17,14-17; 19,13-15).

Está consciente de que deve ser um modelo para seus discípulos. Seu magistério é uma completa doação aos demais (Jo 10,14). E o faz de maneira espontânea.

4. MEIOS: Utiliza recursos didáticos próximos às pessoas. Fala por meio de parábolas, dando exemplos e contando histórias para que a gente entenda (Mt 13,18-34).

Aos pescadores fala de redes e peixes em um contexto real (Mt 13,47-50).

Aos pastores fala de ovelhas e rebanhos (Jo 10,1-11).

Aos camponeses fala de sementes (Mt 13,3-9).

Aos ricos fala de riquezas, propriedades e privações (Mt 19,16-30; 20,1-16).

O relato discursivo, a pergunta e a aproximação às pessoas são seus grandes recursos (Jo 4,1-34). Dialoga, conversa, mantém o interesse até chegar ao objetivo (Jo 4,1-26). Quer que as pessoas façam uma opção de vida; que aprendam a viver, a conviver. Interpela, deixa interrogações, põe a pensar (Mt 19,16, 21,18; Mc 4,21; Mc 8,27-29).

Outro recurso destacado é o lugar. Para um mestre, o importante é que haja um educando interessado na mensagem, na aprendizagem; o lugar não importa. Qualquer lugar se converte em recinto acadêmico uma vez que haja alguém interessado em aprender. A vontade de aprender se satisfaz com conhecimento. Por isso, para Jesus, qualquer lugar era válido e buscava as pessoas onde quer que estivessem. Seu trabalho se inicia onde se encontram os discípulos.

O cenário pedagógico é gerado quando há vontade, entusiasmo e muito amor pelo aprender e o ensinar.

5. MÉTODO: O método de Jesus é o exemplo; ele dá testemunho do amor por meio de sua vida (Jo 10,11-18). Assume sua mensagem. Ele mesmo se converte na mensagem (Jo 15,1-17). Fala na primeira pessoa: "Eu, por outro lado, vos digo"; fala com propriedade.

Assume sua tarefa como um verdadeiro PASTOR, não como um assalariado. Ensina pelo exemplo que o assalariado trabalha pelo pagamento; em vez disso, o autêntico MESTRE se sente realmente comprometido e vai dando a vida por seus discípulos (Jo 10,8-18).

Jesus está convencido de que o método para chegar à plena libertação é O AMOR (Jo 15,17). E o amor começa em si mesmo e se cristaliza nos demais de forma integral (Lc 10,27; Dt 6,5).

6. RELAÇÕES: Jesus sustenta relações de igualdade com seu povo, com seus discípulos, confunde-se com eles, em ambiente de respeito e "autoridade" (Mt 7,28-29); não se apresenta como Deus, mas como qualquer pessoa da região, com as mesmas necessidades (Jo 4,8-29). Não discrimina ninguém, fala igualmente com judeus e estrangeiros (Mt 15,21-28); com pessoas sãs e enfermas (Mt 15,29-31); com crianças e adultos (Mt 19,13-15); com ricos e pobres (Mt 19,16-21).

Tendo como fundamento sua identidade com o Pai, assume que sua missão deve ser cumprida envolvendo a todos, não algumas pessoas em particular; por isso mantém relações com todos, não se furta a pessoas nem culturas, não discrimina. E sabe manejar as situações – em certas ocasiões, com perguntas e respostas muito inteligentes (Mt 22,15-22); em outras, com demonstrações de compaixão (Mt 15,32); e ainda em outras, ensinando por meio de seus poderes e capacidades (Mt 14,22-27).

7. **PROPÓSITO**: Dinamiza sua pregação desinstalando os esquemas estabelecidos (Mt 10,34-39); convertendo-se em sinal de contradição. Seu grande propósito é a libertação de sua gente. Em seu conteúdo sente-se claramente sua luta pela libertação, pela plenitude, pela vida de amor (Mt 6,32-33; 25,34; 5,47-48; 1Jo 4,12; 13,18-19; Jo 15,9; 13, 33-34; Lc 4,16-21).

Jesus está consciente de sua missão de libertação e reconhece em si mesmo o cumprimento da Escritura. Sua convicção é tão forte e tão autêntica que começa por libertar-se a si mesmo de toda opressão, começando por aquelas que não permitem uma vida serena, com tranqüilidade de consciência e paz interior. Sua proposta de libertação é em nível integral: mente livre de apegos, crenças e medos. Daí insistir tanto na fé em si mesmo, fé em Deus e fé nos demais. Espírito livre de cegueira diante da luta pela fraternidade e a prática do amor incondicional. Corpo livre de desejos materiais. Quanto mais desejos materiais houver, menor possibilidade haverá de alcançar a plenitude humana, no sentido de se ser mais gente, de ser um melhor ser humano.

Atingir o reinado da verdade, da paz, do amor, da justiça e da liberdade é o grande propósito delineado em termos de valores.

8. PROJEÇÃO: Sua mensagem fica projetada no mundo. A seus discípulos pede que "vão por todo o mundo pregando" (ver Mc 3,13-15; 16,20). Não é uma mensagem para ficar no interior do grupo, mas para ser assumida, praticada e pregada "para além da aula". A idéia não é aprender algo, mas incluí-lo na própria vida e nas vidas dos demais. "Não se trata de adquirir conhecimentos para mudar o nível de conhecimentos" (Jerry Pilles, 1997), mas de assimilar conhecimentos para assumi-los, renovar a vida e permear a sociedade na qual se cresce. É uma mensagem universal, válida para todas as etnias e todo gênero de pessoas, sem importar sua cultura.

É um conteúdo que exige coerência. O apóstolo Paulo reclama-o em sua carta aos romanos (Rm 2,17-24).

"As aulas de Jesus" foram aulas magistrais, no bom sentido da expressão; sua mensagem se projeta até os nossos dias para ensinar-nos a viver, para que desenvolvamos as competências de:

• **Aprender a ser:** Sua temática é uma defesa do ser humano, como humano, diante de um sistema alienante, liderado por um império expansionista, discriminatório e materialmente ambicioso. Jesus insistiu na necessidade de se rebelar contra as leis injustas.

Sua proposta aponta para o desenvolvimento integral, "para o desdobramento completo do homem, como disse Jacques Delors, em toda a sua riqueza e na complexidade de suas expressões e de seus compromissos; indivíduo membro de uma família e de uma coletividade, cidadão e produtor, inventor de técnicas e criador de sonhos".

- **Aprender a conviver, a viver juntos:** com boas relações de respeito e sã tolerância. Seu ensinamento aponta para a não-violência em um contexto de igualdade, fortalecendo a cooperação, o serviço, a amizade e a fraternidade.

O apóstolo Paulo projeta o ensinamento de Jesus quando diz: "Completai a minha alegria, deixando-vos guiar pelos mesmos propósitos e pelo mesmo amor, em harmonia buscando a unidade" (Fl 2,2).

Aprender a conviver é uma competência fundamental para poder estabelecer no mundo a verdade, a justiça, a liberdade e o amor. Não basta ter boas comunicações, é indispensável respeitar os demais, tolerar suas diferenças, "conhecer sua história, suas tradições e sua espiritualidade e, a partir destes pressupostos, impelir a realização de projetos comuns à solução pacífica dos inevitáveis conflitos". Nós habitamos o mesmo lar: a Terra; e temos que nos pôr de acordo para preservá-la e com ela preservar a vida humana e seu projeto de plenitude.

Como se pode constatar, Jesus tem um modelo pedagógico em constante interação:

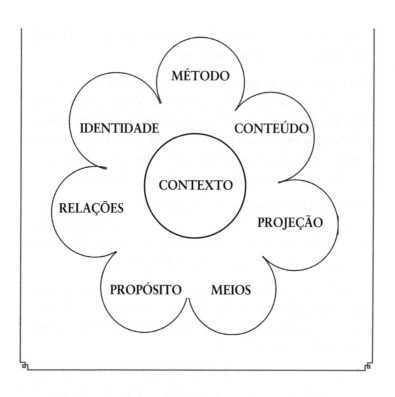

O PASSADO NO PRESENTE

QUE DIZEM AO MESTRE DE HOJE OS COMPONENTES DO MODELO DE JESUS?

1. **IDENTIDADE.** A base do magistério de Jesus: sua identidade com o Pai. Esta é a chave para um mestre; daqui nasce o amor, a entrega, a mística.

- Com quê e com quem me identifico como mestre?
- Estou assumindo meu trabalho como missão, como vocação?

2. **CONTEÚDO:** Os alunos preferem professores capacitados, que ensinem, que não se ponham a fazer outra coisa; que sejam dedicados, estudiosos, inquietos e ávidos para aprender cada vez mais.
- Conheço bem a minha matéria?
- Estou bem preparado?
- Interesso-me pelo rigor científico e o alto nível acadêmico que se deve alcançar?
- Integro as temáticas com a vida dos alunos?

3. **CONTEXTO:** Os processos ensino – aprendizagem devem estar contextualizados em todo sentido. É preciso conhecer os alunos com sua história, é preciso estar em dia com os acontecimentos da região e do mundo, é preciso localizar bibliograficamente os temas. Deve haver nexo entre o que se passa na aula e o que se passa na rua.
- Interesso-me pelos meus alunos?
- Que sei de suas vidas? Interesso-me por localizá-los bibliográfica e tematicamente?

4. **MEIOS:** Uma das características de um bom professor, segundo os alunos que participaram da investigação para este trabalho, é que seja dinâmico e com muitos recursos.
- Tenho recursos?
- Utilizo os meios apropriados?
- Procuro formas que permitam aos alunos aproximarem-se do conhecimento?
- Gero ambientes de aprendizagem?
- Utilizo meios e auxílios de acordo com os temas e a metodologia selecionada?
- Utilizo estratégias participativas, comunicativas e criativas?

5. MÉTODO: Jesus ensina com autoridade porque vive o que ensina, pratica o que prega.

- Dou testemunho como mestre, ensinando com amor, com gana, com entusiasmo?
- Preocupo-me com a formação dos alunos?
- Minha matéria é um pretexto para ter acesso a eles e levar-lhes um conteúdo que possam enlaçar com suas vidas e que lhes seja útil e lhes sirva realmente?

6. RELAÇÕES: Hoje em dia, a chave das relações está na sã tolerância, no respeito e no testemunho.

- Discrimino meus alunos?
- Rotulo-os quando me refiro a eles?
- Adapto o vocabulário à terminologia técnica e científica tendo em conta o nível dos alunos?
- Procuro estratégias para fazer uma mediação correta entre os alunos e os temas?
- Pratico realmente a sã tolerância e o respeito?

7. PROPÓSITO: O propósito de Jesus aponta para a formação integral, para o desenvolvimento de competências à escala humana.

- Interesso-me por formar integralmente, por conseguir uma aprendizagem com todo o cérebro, para contribuir para que a juventude seja deliberante, analítica e crítica?
- Tendo à conquista da convivência pacífica e à busca da plenitude humana?

8. **PROJEÇÃO:** Jesus pede a seus discípulos que levem sua mensagem por todo o mundo.

- Minhas aulas têm projeção familiar e social?
- Os temas que dinamizo servem para hoje e para amanhã e para mais adiante?
- Procuro deixar os temas suspensos em certos pontos ou interrogações de modo que semeiem inquietudes e sejam consultados e partilhados?

O modelo

É evidente que Jesus teve alguns elementos em seu modelo pedagógico, elementos que são válidos hoje, que devem servir para inspirar todo mestre.

O exemplo de Jesus é importante e vale a pena levá-lo em conta para com ele aprender muitas coisas, dentre as quais as seguintes:

❖ Jesus não imitou ninguém, saiu dos modelos existentes; portanto, se quisermos fazer o que Jesus fez, devemos, como mestres, ter nosso próprio modelo para sermos originais, para termos independência e, sobretudo, para mantermos viva a oportunidade de combinar elementos; um modelo flexível, que tenha mobilidade, que varie de acordo com os temas, com os alunos, com os propósitos, com a competência que se esteja enfatizando.

❖ Os elementos do modelo de Jesus devem servir de ponto de partida, de inspiração e de exemplo, e requerem um conteúdo próprio dos nossos tempos.

❖ Não basta saber, nem sequer mesmo ter um modelo determinado; é necessário chegar às pessoas, ter autoridade e ter carisma para aproximá-las do conhecimento que afirmamos possuir. O mestre deve ser um intermediário entre o saber e o aluno. Intermediário no sentido mais bem adaptado do original: *paidagogo*.

❖ Uma instituição confessional, que tenha um projeto educativo baseado no Evangelho, não deveria buscar modelos para ensinar de acordo com a moda, mas deveria inspirar-se permanentemente no modelo pedagógico de Jesus de Nazaré para não se deixar distrair pelo esnobismo de quem vai aparecendo na passarela como "novo redentor da educação". Haverá modelos todos os dias, mas cada instituição deve ter seu estilo, sua maneira original, seu modelo inspirador que permita aos docentes autonomia e criatividade diante das situações particulares das disciplinas, dos contextos e dos propósitos.

❖ Definitivamente, é preciso assumir a tarefa educativa como uma missão nascida da grande vocação universal a que somos todos chamados. "Tudo o mais virá por acréscimo."

"[...] o processo de ensino nunca é uma mera transmissão de conhecimentos, objetivos ou destrezas práticas, mas vem acompanhado de um ideal de vida e de um projeto de sociedade, para o qual, como assinalou Mahatma Gandhi: 'Cada um tem que ser a mudança que quer ver no mundo'." (Rodolfo Llinás)

2.3. Jesus e sua revolução educativa

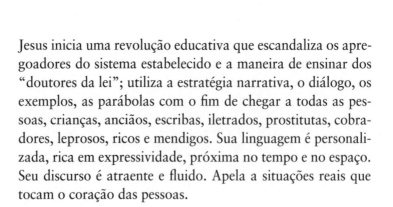

"Um professor não pode ser isso, nem conformar-se com isso; um professor deve ser um mestre que forma, orienta e deixa em cada aluno uma pegada sua, de sua sabedoria."
(Juan Gabriel Gallego López)

Jesus inicia uma revolução educativa que escandaliza os apregoadores do sistema estabelecido e a maneira de ensinar dos "doutores da lei"; utiliza a estratégia narrativa, o diálogo, os exemplos, as parábolas com o fim de chegar a todas as pessoas, crianças, anciãos, escribas, iletrados, prostitutas, cobradores, leprosos, ricos e mendigos. Sua linguagem é personalizada, rica em expressividade, próxima no tempo e no espaço. Seu discurso é atraente e fluido. Apela a situações reais que tocam o coração das pessoas.

ATIVIDADE UM
PRODUÇÃO COLETIVA

❖ Em seis subgrupos, realizar os seguintes exercícios, válidos para a compreensão da revolução educativa de Jesus e sua aplicação hoje.

1. COMPETÊNCIAS

Escreve Sonia Perilla, redatora do jornal *El Tiempo*, de Bogotá: "Vinte e um séculos antes que no mundo se falasse da necessidade de desenvolver, a partir da educação, competências básicas nos alunos, Jesus destacou-se pelo uso de práticas pedagógicas similares" (que nada mais é que saber fazer com o que se aprendeu, em contexto).

✱ Estudar a parábola que aparece em Mt 13,3-9.

✱ O que se aprende com esta parábola?

✱ Como aplicar isso hoje, em nossa realidade e em nosso exercício docente?

✱ Que competências estão em prática?

2. COERÊNCIA

Para Jesus era fundamental que houvesse coerência entre o que se dizia e o que se praticava; por isso chamou os mestres da lei de fariseus, porque não cumpriam a lei que ensinavam. Praticar o que se anuncia dá autoridade. Jesus adquiriu-a.

✱ Estudar a parábola em Mt 18,23-34.

✱ O que se aprende com esta parábola?

* Como se pode aplicar o aprendido hoje no nosso trabalho?
* A que outros profissionais e pessoas serve este ensinamento?

3. REVOLUÇÃO EDUCATIVA

Com Jesus começa um ensinamento distinto, que depois outros empunharam, como Juan Bautista de la Salle: incluir os pobres, os mais necessitados, os mais frágeis, as crianças, as mulheres, os anciãos, as prostitutas.

* Estudar a parábola em Mt 18,10-14.
* O que se aprende com esta parábola?
* Que conceitos são aplicáveis à "ovelha extraviada"?
* Como se pode aplicar o aprendido hoje em nosso trabalho?

4. DIÁLOGO

Jesus "afastou-se das aulas magisteriais, nas que o professor é amo e senhor. Deixou claro que os aprendizes também têm a palavra em seu processo de aprendizagem", escreve Sonia Perilla. "É uma metodologia que hoje está sendo recuperada. O conhecimento se realiza entre ambos, mestre e discípulo", afirma o padre Carlos Novoa.

* Estudar o diálogo que aparece em Jo 4,4-29.
* Metodologicamente, o que se aprende com este diálogo?
* Determinar a validade do aprendizado mestre – discípulo.
* Como se pode aplicar esta metodologia hoje?

5. PARÁBOLAS

Para ensinar, Jesus não recorria a conceitos elaborados, mas a parábolas, "quando percebe que as pessoas necessitam de comparações simples, relatos de experiências vividas por outros semelhantes a elas para compreender as dimensões profundas do sentido da vida" (Sonia Perilla).

* Estudar os argumentos de Jesus em Mt 13,10-17.

* Esses argumentos são válidos? Por que sim ou por que não?

* Como se pode aplicar aos atuais processos ensino/aprendizagem a seguinte afirmação: "Por mais que escuteis, não entendereis, por mais que olheis, nada vereis"?

6. APROPRIAÇÃO DE CONHECIMENTO

Para Jesus, não há validade em que uma pessoa memorize algo e não o pratique. Para ele, o fundamental é aplicar o conhecimento à própria vida. "Não exige nem a discípulos nem a seguidores a memorização das Escrituras [...] convida-os a apropriarem-se do conhecimento religioso para a sua vida. Uma coisa é saber muito bem o que é ser boa pessoa e outra é comportar-se como tal", sustenta o padre Edilberto Estupiñán, diretor da seção de Educação da Conferência Episcopal.

* Estudar as interpretações de Jesus em Mt 13,18-23.

* Engendrar uma paráfrase, aplicando o texto anterior à educação hoje.

* Em que medida é válida hoje a afirmação: "Alguns são como a semente que deu fruto a cem por um"?

ATIVIDADE DOIS

❖ Apresentar perante o grupo em plenário a produção elaborada por cada subgrupo. Complementar os dados de acordo com a leitura que aparece mais adiante: REVOLUÇÃO PEDAGÓGICA.

ATIVIDADE TRÊS
PRODUÇÃO INDIVIDUAL

❖ Relacionar os pontos apresentados na revolução pedagógica de Jesus com seu próprio exercício docente.

ATIVIDADE QUATRO

❖ Apresentar a produção individual aos companheiros do subgrupo inicial.

PLENÁRIO PARA PARTILHAR.

TIRAR CONCLUSÕES.

ASSUMIR UM COMPROMISSO.

Revolução pedagógica

1. COMPETÊNCIAS: Se assumirmos que ser competente é "saber atuar em contexto com o que se aprendeu, compreendendo o que se faz", não estaremos falando nada de novo, guardando as proporções, já que Jesus o praticava e pedia a seus apóstolos e discípulos que o praticassem. Deram-se muitas voltas, durante vários séculos, para se descobrir algo que já existia no Evangelho; o importante é que já se tenha chegado a este ponto. Todavia, há mais: as principais competências, as que mais marcam as pessoas em particular e a humanidade em geral, Jesus as promove ao possibilitar o crescimento espiritual, valorizar a pessoa humana, promover a convivência e admirar e respeitar a criação.

É importante levar em conta que as competências promovidas por Jesus não são patrimônio exclusivo da ética e das disciplinas humanísticas, porque, se concebemos o ser humano como ser integral, as competências estão "ligadas umas às outras e devem ser alimentadas, construídas e fortalecidas a partir de todas as áreas".

A integralidade não está apenas no Evangelho (Lc 10,27), mas vem da cultura judaica e está ligada ao amor: "Amarás o Senhor, teu Deus, de todo o teu coração e com toda a tua alma, com toda a tua força e com todo o teu entendimento". Se no amor é preciso pôr em funcionamento todo o ser, o mesmo deve acontecer em todas as decisões que o ser humano tomar e em todas as suas ações. É por isso que a pessoa deve crescer holisticamente, toda, por inteiro.

A sociedade necessita de seres humanos que desenvolvam o seu pensamento, acrescentem a sua afetividade e o seu amor, fortaleçam seu corpo e que demonstrem ser competentes para se comunicar, competentes para conviver fraternalmente, competentes para se comprometer, competentes estética e ecologicamente para tender ao equilíbrio, à harmonia, à beleza e à preservação do universo.

Quais destas competências não estavam já na revolução pedagógica de Jesus?

2. COERÊNCIA: Uma das oito características de um mau professor, segundo os alunos inquiridos, é a incoerência, porque prega, mas não pratica. A coerência está estreitamente ligada ao exemplo, ao testemunho, e esta é a chave para se ter "autoridade". Os próprios alunos reclamam-na.

O primeiro texto para um aluno é o próprio mestre. Nele lê muitas coisas, lê se sabe, lê se preparou o tema, lê se tem gana, lê se passa entusiasmo à aula, lê se está amargurado ou contente, lê se o professor está convencido ou está dando uma lição, lê coerência ou incoerência. O mestre é um ponto de referência decisivo para a motivação do aluno e para fazê-lo sentir o que ensina. Simón Rodríguez continua tendo razão ao afirmar: "O que não se faz sentir não se entende e o que não se entende não interessa".

Na seção *Reflexão pedagógica* deste livro e, concretamente, na parábola B (p. 26), que narra a experiência do filho do ladrão, chama a atenção o fato de o filho pedir ao pai que lhe ensine seu ofício. Este pode ser um caso no qual o testemunho é importante: o pai foi tão bom, deu exemplo de profissionalismo e de capacidade de sustentar a família, que o filho quer imitá-lo.

Neste sentido, não apenas é preciso dar exemplo como professor capacitado, com rigor acadêmico, atualizado nos temas e com muita criatividade metodológica, mas também é preciso dar exemplo como pessoa de valores. Assim o afirmam os alunos ao posicionar dentro das oito características de um bom mestre o que pratica valores como o serviço, a responsabilidade, o respeito, a pontualidade etc.

3. IR CONTRA: Jesus não discrimina, não rotula, não tem preferências. Inclui em seu grupo de "educandos" os que estavam excluídos pela cultura judaica.

Necessita-se de mestres com capacidade de ir contra o estabelecido, o importado e esnobe.

Necessita-se de mestres que se decidam a trabalhar mais pelos:

* alunos mais pobres;
* alunos com dificuldade de aprender;
* alunos que estão em vias de serem expulsos;
* alunos irrequietos, questionadores e cheios de recursos;
* alunos que dão respostas diferentes;
* alunos que pedem a palavra para dizer: "Professor, não estou de acordo com você";
* alunos mais necessitados de afeto e compreensão;
* alunos que tiram notas ruins;
* alunos que não têm família.

Necessita-se de mestres que aceitem com prazer trabalhar na escola mais pobre da cidade, que incluam em seu projeto os excluídos. Mestres que sejam capazes de "complicar sua vida" porque se comprometem com a formação integral dos garotos e se convencem, de uma vez por todas, que para chegar à mente dos jovens é preciso passar pelo seu coração.

4. DISCURSO E DIÁLOGO: A classe magisterial não deve desaparecer de todo. Necessita-se de momentos nos quais o mestre "sinta cátedra", afirme o que quer deixar claro, enfatize aquilo de que está convencido; contudo, estes momentos devem ser discursivos e, para o conseguir, é necessário que a narração seja agradável, chamativa, que "capte a atenção", com ingredientes como a experiência, os conhecimentos, a anedota, o exemplo, as imagens, os gestos, os espaços, os silêncios. Além disso, a narração é discursiva (discorre) quando flui, quando é ágil e não tropeça, nem desgasta.

Depois deste momento, que deve durar um tempo moderado conforme a idade dos alunos e seu nível acadêmico, é refrescante que se dê espaço ao diálogo.

O diálogo abre espaços de participação por meio de perguntas. Permite um ambiente enriquecedor porque também se aprende partilhando, cotejando idéias, revendo os próprios pensamentos à luz dos demais, trate-se do mestre, trate-se dos companheiros ou dos autores referenciados.

O professor José Iván Bedoya afirma: "Devemos saber ouvir e escutar nosso interlocutor, nossos alunos, que agora são considerados iguais, com as mesmas possibilidades que antes tínhamos exclusivamente como professores. Esta é a cultura da participação pedagógica que agora se oferece e exige...".

A pergunta induz o pensamento a pensar.

5. **PARÁBOLAS:** As parábolas, os exemplos, as comparações, os contos chamam a atenção e permitem desenvolver exercícios diversos. São ingredientes animadores dos discursos. Servem para realizar cotejos, para redigir paráfrases que transfiram o ensinamento ao aqui e agora, transformando os contos, mudando personagens, fatos e épocas.

Hoje, os contos e parábolas podem ser empregados de muitas maneiras; Jesus deixou a idéia, e não se trata de que só o professor as utilize, mas que sejam empregadas pelos alunos em uma diversidade de operações, como falar e escrever, compreender e interpretar, explorar e descobrir intenções.

O conto, a parábola e a anedota são excelentes recursos didáticos para conseguir padrões de qualidade na comunicação e no aprofundamento de temas. E podem ser utilizados em forma de historietas, em forma oral, em forma escrita, em dramatizações e obras de teatro.

A parábola permite a análise, a crítica e a criatividade ao mesmo tempo em que fortalece a competência comunicativa.

6. APROPRIAÇÃO DE CONHECIMENTO: A apropriação do conhecimento nada mais é que ser competente no sentido de saber e saber fazer em uma situação determinada. Conhecer é integrar o saber na vida, conhecer é crescer como pessoa, melhorar como ser humano, falar com autoridade do tema aprendido e ter capacidade criativa para aplicá-lo em situações novas.

Para orientar os alunos, é preciso definir padrões de qualidade de modo que eles possam identificar o que deve ser aprendido, quais as etapas a serem superadas e o que esse saber oferece à vida para solucionar problemas reais em situações específicas.

Portanto, é preciso:

* ensinar temas que sirvam para a vida;
* relacionar os temas com a maior quantidade de áreas possível;
* conectar a aula com a realidade da rua, da família, da sociedade, do mundo;
* ensinar temas interessantes, que toquem o aluno;

* fazer ver aos alunos que a coisa é com eles;
* fazer de cada aula uma festa da aprendizagem;
* precisar os critérios que indiquem com exatidão o que deve ser feito;
* seguir no desenvolvimento do ato pedagógico os passos necessários para alcançar os padrões traçados.

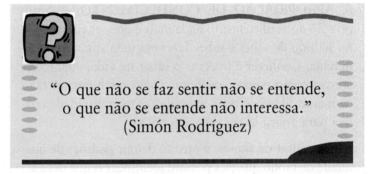

"O que não se faz sentir não se entende, o que não se entende não interessa."
(Simón Rodríguez)

3. A ALEGRIA DE SER MESTRE

Motivação:
O que aprendi no jardim-de-infância

"Sou um guerreiro que batalha todos os dias contra a pressão dos pares, a negatividade, o medo, a conformidade, o preconceito, a ignorância e a apatia. Mas tenho grandes aliados: a inteligência, a curiosidade, o apoio paterno, a individualidade, a criatividade, a fé, o amor e o riso que agitam a minha bandeira com resistência indômita."

Esta confissão de John W. Schlatter pode servir a nós, mestres, para que assumamos a tarefa docente com a plena convicção de autênticos mestres que trabalham sob influências negativas, mas que, ao mesmo tempo, têm muitos fatores a seu favor.

Reconhecer-nos como mestres, no bom sentido do termo, não é outra coisa que sermos comprometidos e responsáveis e sentir, a partir da alma e do coração, a gana de contribuir efetivamente e com alegria para a formação da infância e da juventude, que é confiada em nossas mãos como pequeninos pardais que esperam o alimento fortalecedor para se decidirem a aprender a voar e empreender o vôo pelos seus próprios meios.

Valor-chave:

ALEGRIA

Os alunos sentem-se nas mãos dos mestres e querem que estes sejam mais alegres, que ponham entusiasmo em suas aulas e jamais demonstrem amargura.

Esta unidade tem como propósito que cada mestre se reconheça como autêntico mestre e assuma seu trabalho com alegria. A reflexão do texto "Tudo o que eu realmente precisava saber aprendi-o no jardim-de-infância" ensina-nos que é preciso dar atenção ao simples, às coisas elementares que a longo prazo acabam se tornando fundamentais para a vida. Estes ensinamentos do jardim-de-infância não podem ser subestimados no caminho que se percorre posteriormente; é preciso continuar a valorizá-los e afiançá-los porque continuam sendo chave, quando assumidos de maneira nova.

Mais adiante apresentamos as aulas de mestres reais, e o que dizem os alunos sobre seus mestres, com base em uma pesquisa realizada com jovens escolares de todos os estratos sociais da cidade de Manizales (Colômbia).

ATIVIDADE

Propõe-se:

* realizar a leitura, em voz alta, por um participante;

* comentar em pequenos grupos o conteúdo do texto;
* descobrir a intenção da mensagem;
* propor formas que contribuam para continuar dimensionando a aprendizagem para a vida, a partir das disciplinas ou saberes particulares de cada mestre.

Tudo o que realmente precisava saber aprendi-o no jardim-de-infância

Por: Robert Fulghum

Tudo o que eu precisava saber acerca de como viver, que fazer e como ser aprendi-o no jardim-de-infância. A sabedoria não estava no cume da montanha da universidade, mas na piscina de areia da pré-escola das crianças. Foram estas as coisas que aprendi:

- partilhe tudo;
- jogue limpo;
- não engane as pessoas;
- volte a pôr as coisas onde as encontrou;
- limpe sua própria sujeira;
- não pegue no que não é seu;
- peça desculpa quando magoar alguém;
- lave as mãos antes de comer;
- sorria.

Coma leite com biscoitos. Viva uma vida equilibrada, aprenda algo e pense em algo; desenhe, cante, dance, brinque e trabalhe cada dia um pouco.

Faça uma sesta diariamente. Quando sair para o mundo, preste atenção ao trânsito, aperte mãos e não se isole.

Permaneça atento ao maravilhoso. Recorde a pequena semente no pote: as raízes vão para baixo e a planta para cima e ninguém realmente sabe como nem por quê, mas todos somos assim. Os peixes coloridos, os *hamsters* e os ratos brancos e até a pequena semente no pote, todos morrem, e nós também.

E então recorde o livro O *Pequeno Príncipe* e a primeira palavra que você aprendeu, a palavra mais importante de todas: OLHE. Tudo o que necessita saber está em alguma parte. A regra de ouro: "Ame, conviva com a natureza e tenha uma vida sã".

Tome qualquer destes conceitos e traduza-o em termos adultos, sofisticados, e aplique-os à sua vida familiar, a seu trabalho, a seu governo, ou a seu mundo e manter-se-á verdadeiro, claro e firme. Pense que o mundo seria melhor se todos – todo o mundo – tomassem leite e biscoitos às três da tarde e depois nos deitássemos agasalhados por nossas mantinhas para dormir a sesta. Ou se todos os governos tivessem como política básica voltar sempre a pôr as coisas onde as encontraram e limpar o que sujaram.

"E ainda é verdade, e não importa a sua idade: quando sair para o mundo é melhor dar as mãos e estar junto e não sozinho."

A regra de ouro:
"AME, CONVIVA COM A NATUREZA E TENHA UMA VIDA SÃ."

3.1. Tenho clara a minha missão como mestre?

ATIVIDADE UM

Ler e comentar em subgrupos o conteúdo de cada uma das radiografias do professor Miguel e das professoras Andréia e Dora, tomadas da obra *Moderna metodología educativa*, dos autores Jean Grambs, John Carr e Robert Fitch, Buenos Aires, Pleamar, 1994.

PROFESSOR MIGUEL

(o nome foi alterado)

Miguel parece uma pessoa agradável. Não aparenta preocupar-se com o modo ruidoso com que os alunos entram na sala. Quando o sinal toca, está revendo alguns papéis. Com o som da campainha, os alunos se calam e prestam atenção enquanto Miguel liga o projetor, que mostra o corte transversal de um dente em diapositivo. Após um exame das diferentes partes do dente que se vê no gráfico, começa um estrépito de cadeiras quando seis alunos se deslocam para a frente da aula e apresentam informações a favor e contra o efeito do flúor sobre a deterioração dental. Depois das informações, a discussão torna-se algo ruidosa, pois alguns alunos aferram-se inabalavelmente a seus pontos de vista. O professor Miguel ocasionalmente atua como moderador, mas não faz comentários sobre o tema. Quando faltam uns cinco minutos para o término do tempo, chama dois dos alunos para que resumam as informações a favor e contra a fluoretação, sintetizando o ponto de vista oposto ao apresentado na informação.

A SALA DE AULA. A classe do professor Miguel está cheia de gráficos, modelos plásticos do corpo humano e uma boa quantidade de projetos realizados pelos alunos. Ao longo de uma das paredes há uma fileira de armários com aquários e várias jaulas que contêm ratos e porquinhos-da-índia. Há uma grande biblioteca cheia de obras de referência e edições de bolso sobre uma variedade de temas. Um grande número de títulos, como *Herdarás o vento* e *Matar um rouxinol*, parece ter uma relação muito distante com a biologia. O cartaz que cobre a parede posterior está vinculado à fluoretação, mas está algo confuso.

O PROFESSOR. Depois da aula, o professor Miguel explica que é seu sétimo ano de docência. "No primeiro ano de ensino eu falava demais. Enquanto fazia as práticas, sendo aluno, adverti que na realidade não sabia o suficiente de biologia, de modo que passei meu primeiro ano lendo e preparando notas detalhadas para meus bate-papos. Lembro-me de que eu pensava que se eu mesmo falasse durante todo o tempo, os alunos não colocariam perguntas às quais eu não poderia responder. Quando olho para trás, recordo muita falta de atenção e conversação durante a minha aula; devo ter sido bastante monótono. De qualquer maneira, passado o primeiro ano, comecei a experimentar técnicas distintas. Pertenço a várias organizações profissionais e de suas publicações e conferências obtenho uma grande quantidade de informação prática sobre o ensino. Se me parece promissora, faço a prova.

A aula de hoje, na realidade, foi bastante rotineira. Às vezes tento uma mudança e acaba sendo um fracasso total; então me vejo obrigado a abandoná-la e tentar algo diferente. Penso que, de uma maneira ou outra, atinjo a maioria dos alunos. Tomem como exemplo a aula de hoje:

não acredito que muitos alunos possam identificar todas as partes de um dente, mas posso garantir que a maioria conhece as vantagens e as desvantagens da fluoretação. E também acredito que recordarão o valor dos dados científicos como ajuda para decidir questões sociais."

O ALUNO. "Não dá para não ter interesse na aula do professor Miguel. Ele realmente surpreende os 'caxias'; você sabe a que me refiro: esses garotos que anotam para o exame tudo o que diz o professor. Há dias inteiros em que o professor Miguel não abre a boca. Às vezes escapamos pela tangente e ele tem que nos trazer de volta. Em sua aula não basta conhecer os dados.

Também tem um grande senso de humor. Não quero dizer que seja um palhaço ou algo do gênero, mas que no geral tem algo engraçado a dizer, e de uma maneira ou outra isso está sempre relacionado com a lição. Além de ser capaz de fazer piadas, também sabe como recebê-las. O professor Miguel diz que quando alguém não sabe rir, não sabe viver."

O PAI. "Lembro-me da biologia como de um monte de coisas para memorizar e um gráfico. Mas Patrícia volta para casa falando de assuntos que eu mesmo tenho que rever. Alguns pais se escandalizaram quando estudaram a reprodução em aula, mas quando o diretor apoiou o professor Miguel e descobriram que o tema era tratado com pudor e sensibilidade, calaram-se. Patty me disse que agora estão estudando a fluoretação. Penso que haverá novas queixas."

O DIRETOR. "O professor Miguel é um dos melhores professores do colégio. De acordo com as opiniões que me chegam de seus alunos, parece que se mantém atualizado e os faz interessarem-se pelo estudo. Às vezes suas aulas tornam-se um tanto ruidosas e alguns professores das classes vizinhas se queixam.

A única coisa que me perturba, no entanto, é que trata de alguns temas bastante discutíveis sem me consultar primeiro. No ano passado tive três grupos de pais que armaram um escândalo pelos temas discutidos em suas aulas. Comprovei que ele os examinava com bom critério, mas tendo a afirmar que estou contente por não ter muitos professores como ele no que se refere a temas controversos."

DONA ANDRÉIA

(o nome foi alterado)

O nome "dona Andréia" é descritivo. Ela é jovem e mede apenas um metro e cinqüenta. Poderia ser confundida com uma de suas alunas, a não ser pelo fato de usar saltos altos. Sua aula é de geografia e o tema é a América Latina. Quando os alunos entram em sala, dona Andréia está focando um projetor de diapositivos. Ao soar a campainha, caminha rapidamente para a frente da classe e, posicionando-se por trás de um estrado que praticamente a oculta, começa a falar da característica fisiográfica da América do Sul. Sua voz é surpreendentemente alta para uma pessoa tão pequena, mas não parece particularmente segura de si mesma. Alguns membros da classe parecem tomar notas, mas outros olham pela janela. Depois de quarenta minutos de bate-papo, com alguma referência ocasional ao mapa e uma ou outra pergunta específica dos alunos sobre o texto, dona Andréia anuncia: "Vou mostrar a vocês alguns diapositivos sobre a vida na Colômbia". À medida que mostra as fotos e descreve as condições de vida contrastantes das distintas populações que povoam o país, vê-se mais tranqüila e segura e os alunos mostram maior interesse. No entanto, antes que as fotos terminem, soa a campainha e os alunos saem ruidosamente. Dona Andréia não pôde concluir a lição.

A SALA DE AULA. Está algo despida. Em uma das paredes, um cartaz mostra alguns recortes de jornais sobre a política latino-americana, mas não há um tema ou organização que os vincule. Vêem-se alguns livros junto ao mapa desenrolado da América do Sul.

A PROFESSORA. "Talvez seja óbvio que se trata de meu primeiro trabalho. Na realidade, tive sorte em consegui-lo. Cheguei justamente no momento em que o professor havia pedido demissão, no meio do ano, e penso que o diretor me aceitou por inércia. Possuo licenciatura em sociologia e estive no Corpo de Paz. Tive apenas três horas de geografia por semestre e tenho que ler muito para me manter atualizada. Nunca segui um curso de metodologia do ensino, de maneira que estou assistindo a aulas na universidade duas noites por semana: uma sobre metodologia e outra sobre geografia. Terei que seguir outros cursos de história, economia e didática para obter meu certificado. Durante as noites em que freqüento os cursos tenho que preparar a minha aula para o dia seguinte, e às vezes não vou dormir antes das duas da manhã. Os outros professores me ajudam muito com idéias sobre como ensinar, mas continuo nervosa em aula. Quando completarmos o tema da América do Sul e passarmos a outra área, terei muito que fazer."

O ALUNO. "Dona Andréia às vezes me põe em maus lençóis. Há dias em que não consegue o material e outros, como hoje, em que esquece de acabar em tempo de nos passar os deveres. De qualquer maneira, conta-nos histórias realmente interessantes sobre suas experiências no Corpo de Paz. Às vezes fica histérica conosco e nos diz que não sabemos apreciar a oportunidade que temos de nos educar. Está certo; aprenderá."

O PAI. "Dona Andréia é uma espécie de ídolo para minha filha e algumas de suas amigas. Talvez isso se deva ao fato de ser uma mulher que fez algo fora do comum ao prestar serviços no Corpo de Paz. Penso que dona Andréia conseguiu que Ana, minha filha, pensasse mais em seu futuro e o que fará com ele."

O DIRETOR. "Contratei dona Andréia quando lhe faltavam muitos dos requisitos formais para ensinar. Se levarmos isto em conta, as coisas lhe estão correndo bastante bem. Está aproveitando muito as suas experiências para terminar bem o ano. Irá a uma escola de verão para obter as qualificações exigidas para o seu certificado e aprender algo sobre metodologia. No início do próximo ano estará bem encaminhada. Penso que tem o que se necessita: interesse na profissão, desejo de aprender tudo o que possa e espírito de aventura. No entanto, lamento que não tivesse tudo isso antes."

DONA DORA RUIZ

(o nome foi alterado)

Dona Dora é uma mulher reservada, de meia-idade, que está silenciosamente de pé por trás da sua mesa enquanto os alunos entram calados e se sentam. Não se ouve ruído nem bate-papo antes do som da campainha, como ocorria na aula do professor Miguel. Os alunos lêem em voz alta *Romeu e Julieta*, enquanto dona Dora Ruiz intercala comentários sobre as diferentes passagens. A maioria dos alunos presta atenção razoável, mas os alunos que estão sentados atrás trocam bilhetinhos. Ao fim do tempo, dona Dora distribui cópias de um artigo de uma revista que analisa o problema de se foi Shakespeare ou Bacon quem escreveu as obras atribuídas ao primeiro. O artigo deve ser lido em casa para sua discussão no dia seguinte. Durante os últimos dez minutos da aula os alunos começam seus deveres.

A SALA DE AULA. A sala de aula de dona Dora é um modelo de ordem. Seus cartazes são muito mais ordenados que os do professor Miguel; ela própria os prepara. Classifica o material para cada tema em envelopes que volta a utilizar todos os anos. Entre os gerânios e violetas africanas dos vasos que se encontram sobre o parapeito da janela há dicionários e coleções de obras dos autores que serão estudados durante o ano. Um armário, na parte posterior da sala, contém cópias de material mimeografado que são distribuídas quando convém.

A PROFESSORA. "Ensinei durante vinte anos e, pela minha experiência, os alunos trabalham melhor quando sabem exatamente o que se espera deles. Meus alunos sabem que a sala de aula é um lugar onde se deve trabalhar seriamente. Meu trabalho consiste em planejar e executar as lições, e o deles, em realizar a tarefa atribuída e aprender. Todos sabemos o que temos de fazer e o fazemos."

O ALUNO. "Dona Dora é boa, mas não agüenta as brincadeiras. Às vezes um aluno novo passa maus bocados antes de aprender. Ela simplesmente nos fuzila com o olhar. Suas aulas são bastante boas e acho que aprendemos, mas gostaria que ela sorrisse um pouco mais."

O PAI. "Dona Dora é uma professora completa. É à maneira antiga. Estes professores novos são frágeis e tranqüilos demais. Isso não acontece com a dona Dora; ela controla o passo dos garotos; Carlos, nosso filho, tendia a vagabundear, até que entrou na classe dela."

O DIRETOR. "A dona Dora é um monumento. Estava aqui quando eu cheguei e pressinto que continuará a estar quando eu me for. Para ela, a docência é um trabalho sério e suas informações chegam sempre a tempo e são modelos de exatidão. Notei algo interessante: nos poucos dias em que a dona Dora está doente e temos que procurar um substituto, este comenta sempre que os alunos estão em condições de dizer de que tratará a aula e preocupam-se em não se atrasarem nos planos estabelecidos por dona Dora. Após algum tempo, sua disciplina faz parte dos próprios alunos."

ATIVIDADE DOIS
PRODUÇÃO PESSOAL: Elaborar uma ficha PLAS

Instruções

* Cada participante deve dispor do material necessário para plasmar sua própria experiência como mestre em uma ficha de papel, cartolina ou madeira, constando de quatro partes.

* A primeira parte da ficha vai marcada com a letra P, o que significa que nesta parte o participante deverá expressar por escrito, com palavras ou com símbolos, tudo o que de positivo lhe sucedeu ou encontrou em sua missão de mestre.

* Na segunda parte, marcada com a letra L, ele vai plasmar as limitações, obstáculos e dificuldades de toda sorte que teve como mestre.

* Na terceira parte, marcada com a letra A, vai registrar as analogias que faz de sua vida de professor com as de cada um dos mestres: Miguel, Andréia e Dora Ruiz; poderá, também, narrar analogias com professores que teve em sua vida de estudante. Que significou isto para a sua vida?

* E na quarta parte, marcada com S, vai relatar os sinais que surgiram em sua vida e que o levaram a atuar como mestre; o que se passou ou quem influenciou para que agora seja o profissional de educação que é; como chegou a ser mestre.

ATIVIDADE TRÊS

Partilhar a ficha PLAS com todos os companheiros e companheiras, podendo escolher a técnica mais adequada para isso: pode ser uma galeria, ou uma conversa em forma de plenário etc.

Nesta atividade, agregar respostas às perguntas:

Por que me tornei mestre?

Que tipo de mestre sou?

Reconheço-me como mestre? Por quê?

Sinais

A vida está cheia de sinais. Saber lê-los e interpretá-los é tarefa difícil, mas importante. Os sinais vão encaminhando, vão conduzindo; são para nós como a estrela de Belém foi para os reis magos; vão dando sentido ao que fazemos. Vão dando "SABOR" à nossa MISSÃO.

Tornamo-nos mestres por diversos motivos ou sinais. Há os que aí chegaram porque necessitavam disso para sobreviver, para subsistir; outros porque o único centro de educação secundária que havia em sua região era a escola normal e no final foram nomeados mestres de um caminho sem terem sido consultados; outros para complementar seu salário como profissionais do direito ou da medicina, ou de alguma engenharia, e outros, e oxalá sejam a maioria, assumiram esta profissão com decisão, com amor, como uma genuína vocação, porque "sentiram" que tinham sido dotados pela natureza para atuarem como tais e esta força os impulsionou a partir de dentro e os levou a doarem-se a si mesmos para o bem da humanidade.

É provável que você tenha um pouco do professor Miguel, se pareça um pouco com dona Andréia e possua características da dona Dora. Nenhum deles é o mestre ideal. Alguns mestres dedicam-se mais aos alunos, outros dão mais atenção aos conteúdos, alguns saboreiam as variadas formas da metodologia e outros chegam a misturar um pouco de cada uma destas características.

Como, porém, não é possível chegar a ser o mestre perfeito, podem-se procurar "sinais" adequados para se aproximar de ser um "bom mestre", que atinja os alunos, que seja confiável, querido, aceito e que transcenda em suas vidas.

Eis alguns sinais, adaptados do documento "Enamore seus alunos e maravilhe-se com seu extraordinário trabalho diário", escrito pelo psicopedagogo Pedro Maya Arango.

1. Chegue na hora à sala de aula.

2. Receba os alunos com alegria, simpatia e amabilidade.

3. Não faça a chamada. Descubra outra maneira de saber que alunos faltam; seja criativo.

4. Recorra ao tema anterior com agilidade, com prazer. Provoque o entusiasmo dos alunos.

5. Relacione os temas com a maior quantidade de áreas possível.

6. Venda a aula aos alunos, faça com que a comprem e a paguem bem, com a moeda de ouro da atenção expressiva e devoradora.

7. Descomplique a aula. Não assuma ares de auto-suficiente. Se não souber, diga "não sei".

8. Não se torne tão transcendental; ponha os alunos a contar histórias, para que treinem o viver alegre.

9. Chame os alunos pelo nome ou pelo apelido carinhoso com que seus familiares e amigos os chamam.

10. Trate-os como seres humanos que riem, sofrem, choram, sentem fome, sede, cansam-se e vão ao banheiro.

11. Aproveite todas as oportunidades para criar consciência de responsabilidade e compromisso.

12. Lute para que seus estudantes aprendam a estudar, a aprender, a trabalhar; mas, acima de tudo, aprendam a viver.

13. Não teorize demais, ponha os alunos para trabalhar, para realizar exercícios em grupos.

14. Permita que se enganem, que cometam erros, que "dêem foras".

15. Ponha fogo na aula. Faça coisas bem incomuns.

16. Faça com que os alunos sintam o prazer do elogio, o aplauso oportuno, forte e efusivo.

17. Não os desaponte, corresponda-os sempre.

18. Não reclame atenção, conquiste-a.

19. Não lhes exija respeito, infunda-o.

20. Não reclame muito com os alunos. Dê uma chance a todos.

"As máquinas de ensinar podem substituir mestres sempre que o mestre tentar se comportar como uma máquina [...], mas [...] se o ensinar for algo que envolva não apenas a transmissão de fatos e informações concretos, mas também uma relação pessoal que ao mesmo tempo dá significado às matérias, no contexto de uma sociedade, então, sem dúvida, a posição de mestre estará segura e nada poderá ameaçá-la." (Dean Lobaugh e Donald Mckinley, citados por Don Parker em *La enseñanza a multinivel*)

3.2. Os mestres na perspectiva dos alunos

Tarefa: demonstre como é possível, com a ajuda de um barómetro, determinar a altura de um edifício.

Pego o barómetro, bato com ele na porta do edifício, o administrador abre a porta e eu digo: "Senhor administrador, cá está um excelente barómetro. Se me disser a altura deste edifício, eu o darei de presente ao senhor".

ATIVIDADE UM

* Comparar e analisar as características de um mau mestre e de um bom mestre, segundo os alunos.
* Fazer uma auto-avaliação no seio do grupo.
* O que é essencial naquilo que os alunos dizem?

* Rever quem possui características semelhantes; ser sincero diante dos companheiros.

* Assumir compromissos.

Os 447 jovens que participaram da enquete que sustenta este trabalho classificaram os maus professores em oito grupos. É necessário esclarecer que os jovens se referem aos docentes pelo nome de "professores"; esta é a denominação mais popular.

Caracterização de um mau mestre
1. Manter péssimas relações com os alunos.
2. Ter má metodologia.
3. Ter gênio ruim.
4. Não ter domínio dos temas.
5. Ser preguiçoso.
6. Ser medíocre.
7. Achar-se um sabichão.
8. Ser incoerente.

As crianças e jovens de diferentes centros educacionais, que participaram com seus testemunhos, afirmam que têm professores de todos os estilos e formas, como quem diz "há de tudo na vinha do Senhor". Agradecemos a todos eles e particularmente aos que colaboraram com a explicação de cada uma das características.

1. Ter más relações com os alunos. Para eles, ter más relações é ser grosseiro, desrespeitoso, agressivo, não se preocupar com eles, não saber seus nomes, não se interessar que estejam bem ou estejam mal, ser indiferente diante de seus problemas e necessidades. Este tipo de professor ocupa o primeiro lugar, com 27,82%. É o tipo de professor que não se doa, não se entrega; nem vai ao encontro dos alunos, nem procura atraí-los e fazê-los se interessar. Como quem diz: "Se você entendeu, entendeu; se não, que tenho eu com isso?". É claro que tampouco vai lhe interessar se os garotos estão fazendo progressos.

2. Ter má metodologia. Ocupa o segundo lugar, com 16,52%. Isto, segundo eles, significa que as aulas são monótonas, sem dinamismo, sem variações; o professor às vezes fala muito, às vezes dá trabalhos em excesso. Não permite a criatividade, nem sugestões para variar e fazer as coisas de outra maneira – tem que ser do jeito que ele fala e ponto. O pior é que, do modo como ele diz, é mais da mesma coisa.

3. Ter gênio ruim. Esta característica aparece independente das más relações porque nem sempre os geniosos mantêm más relações. Trata-se de professores que se dão bem na aula e, de repente, por qualquer coisa que os indisponha, ficam de mau humor. Todos os dias é preciso que estejam atentos para ver como o professor chegou: se acordou de bom ou mau humor. "É um problema porque não sabemos o que vamos encontrar." Com professores de gênio ruim surgem problemas e reações muito diversas no grupo, 14,78%.

4. Não ter domínio dos temas. 14,78%. Quando um professor não sabe, nota-se; quando um professor não está preparado, nota-se. Este tipo de professor não transmite confiança, não adquire autoridade e o rendimento é o mais baixo que se possa obter. Gera desinteresse em muitos alunos e propicia indisciplina e desordens na sala de aula; como se diz na gíria popular, "dá lenha para queimar".

5. Ser preguiçoso. 13,91%. Os alunos que realmente estão interessados em estudar e aprender dizem que o pior é um professor preguiçoso, "folgado". Chega tarde ou não chega, retarda os temas, retarda as avaliações, muda arbitrariamente as regras do jogo. Não tem ordem e não se importa com isso. Passa a sensação de que ninguém pode fazer nada contra ele para que mude ou o substituam.

6. Ser medíocre. 5,25%. Esta característica está intimamente ligada a ser preguiçoso e não ter domínio do tema. Aparece independente destas porque o professor medíocre também está muito relacionado com a exigência, a qual é mínima ou quase nenhuma. Começando por ele mesmo, é o primeiro a não se exigir, porque não estuda, não lê, não se atualiza e, em segundo lugar, não exige dos alunos; para ele não existe o rigor acadêmico. Os temas são trabalhados pela metade.

7. Achar-se um sabichão. 5,21%. É o "doutor" a que se refere Reynaldo Suárez Díaz. Os alunos o identificam por sua prepotência, sua imposição e autoritarismo. Acha-se o maior. Ninguém sabe o que ele sabe e é preciso tratá-lo como tal. Estes professores são inflexíveis, não admitem nada e não querem perder tempo, porque seu programa é tão "ambicioso" que o cronograma escolar fica aquém. São professores que "cansam" qualquer um.

8. Ser incoerente. 1,73%. Dizem os alunos que este tipo de professor é o que prega, mas não pratica. Fala de pontualidade e chega tarde; fala de ter boa saúde e fuma. Fala de estudar e fazer bem as tarefas e gagueja ao fazer um exercício no quadro. Não dá o exemplo, é um antitestemunho vivo. Perde credibilidade e não infunde respeito.

Características de um bom mestre

1. Ter boa metodologia.
2. Dar bom exemplo.
3. Manter ótimas relações com os alunos.
4. Dominar sua matéria.
5. Ser exigente.
6. Ser alegre.
7. Ser paciente.

Os alunos dão preferência à boa metodologia (44,34%) ao domínio da matéria (11,3%). Eles querem aulas dinâmicas, participativas, em que o professor não seja o único a falar ou ditar; tampouco querem que o tempo seja totalmente dedicado a trabalhos em grupos; querem variedade, que nem todos os temas sejam dados da mesma maneira.

O domínio da matéria é importante, contudo também o superam em percentagem o dar bom exemplo (13,04%) e o manter boas relações com o grupo (12,17%). Para as crianças e os jovens, o dar bom exemplo se consegue praticando valores como a responsabilidade, o serviço, a cooperação e os bons modos; que os professores não sejam bruscos, nem grosseiros, nem usem palavras vulgares.

Manter boas relações com os alunos significa ser amigável, aproximar-se deles, preocupar-se com suas situações particulares, "não iniciar a aula de imediato", ser muito compreensivo, "respeitá-los e fazer-se respeitar".

O domínio dos temas e da matéria aparece em quarto lugar. Eles não querem mestres inseguros que demonstrem incapacidade ou baixa qualidade acadêmica; querem-nos seguros e confiáveis.

Além disso, querem que seus professores sejam exigentes: "quando não nos exigem, não damos; se o professor é 'fresco', também nós vamos nos tornando 'frescos'. Nós sabemos com qual professor temos que estudar mais e com qual não. São eles que marcam a pauta. Nada ganham em nos dizer que somos nós quem temos que estudar porque eles já se graduaram. Definitivamente, quando eles não marcam o ritmo, não há ritmo".

Os alunos também afirmam em suas respostas que é necessário que seus mestres sejam pacientes, alegres e coerentes.

- "Se o professor pratica o que diz, cala-nos."
- "Se o professor é alegre, gostamos de suas aulas."
- "Se o professor é paciente e não se irrita muito, não 'aprontamos' e ele se torna apreciado."

✓ Tenham paciência, isso é essencial em um bom professor.

✓ Tenham uma boa relação com alunas e alunos, pois isto faz com que a aula seja mais agradável.

✓ Aprendam a reconhecer seus erros.

✓ Os bons professores são fundamentais para uma boa aprendizagem.

(Rebeca Orozco. Colégio Filipense. Manizales, Colômbia)

ATIVIDADE DOIS

Propõe-se a cada mestre participante anotar em um quadro suas características boas e ruins, e depois partilhá-las com seus companheiros.

Posteriormente, ele deve apresentar o quadro a seus alunos e pedir-lhes que façam sua votação, com o fim de precisar quais das características são mais fortes e quais são mais fracas segundo os próprios alunos.

REFLEXÃO PESSOAL E COMPROMISSO

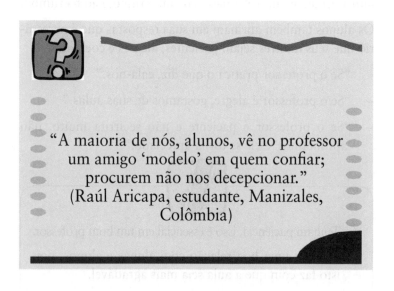

"A maioria de nós, alunos, vê no professor um amigo 'modelo' em quem confiar; procurem não nos decepcionar."
(Raúl Aricapa, estudante, Manizales, Colômbia)

3.3. O que choca e o que agrada nos mestres

ATIVIDADE

De forma individual, analisar o quadro "O que nos choca e o que nos agrada nos mestres", que aparece na página 119, e reconhecer nele as atitudes que se identificam com as suas.

Partilhar em subgrupos este reconhecimento e discutir seu comportamento.

PRIMEIRO

Debater as seguintes afirmações:

❖ Não se deve dar atenção ao que choca os alunos com relação a seus mestres porque "ninguém é perfeito para ser aceito por todos".

❖ Não há nada a fazer porque cada mestre tem seu temperamento e sua maneira de ser e porque "gênio e figura vão até a sepultura".

❖ Os alunos também têm que se adaptar às diferenças individuais de seus mestres.

COMPARTILHAR CONCLUSÕES, ENSINAMENTOS E COMPROMISSOS.

SEGUNDO

Debater estas afirmações:

❖ É preciso dar atenção ao que agrada os alunos com relação a seus mestres porque assim se gera um ambiente propício para as aulas.

❖ Há muito a fazer para cultivar atitudes que agradem aos alunos, porque cada mestre, com vontade, pode ser cada dia melhor como pessoa humana.

❖ Os alunos também têm que se adaptar às diferenças individuais de seus mestres, e essas diferenças podem ser referentes ao que lhes agrada neles.

COMPARTILHAR CONCLUSÕES, ENSINAMENTOS E COMPROMISSOS.

O que nos choca nos mestres é que sejam:	O que nos agrada nos mestres é que sejam:
Rabugentos	Dinâmicos
Monótonos	Afetuosos
Autoritários	Atualizados
Injustos	Compreensivos
Preguiçosos	Exigentes
Intratáveis	Tolerantes
Intolerantes	Alegres
Imprudentes	Responsáveis
Amargurados	Justos
Indiferentes	Sinceros

Queridos professores: "Aprendam a tratar cada aluno apreciando suas coisas boas e fazendo-o ver as coisas ruins sem o ferir. Atuem de tal maneira a infundir-lhe respeito e não medo". (María Alejandra Aranzazu, Liceo Comercial Santa María Micaela, Manizales, Colômbia)

3.4. A alegria de ser mestre

ATIVIDADE UM

GRAFITE RELÂMPAGO

Instruções:

- ❖ Dispor de um quadro.

- ❖ Em primeiro lugar, e espontaneamente, cada participante vai passando e escrevendo uma palavra ou frase na qual, cada um e cada uma, expresse "O QUE MAIS LHE AGRADA FAZER EM SALA DE AULA COMO MESTRE".

- ❖ Em segundo lugar, quando todos tiverem passado, realizar uma segunda volta para que cada um marque com um X a atitude da qual não gosta ou destacar a que deseja.

❖ Em terceiro lugar, realizar um plenário para discutir o que foi marcado ou destacado.

ATIVIDADE DOIS

❖ Comparar as expressões do grafite com as expressões dos alunos que responderam à pergunta: O QUE MAIS LHE AGRADA QUE SEUS MESTRES FAÇAM EM SALA DE AULA?

Eis o quadro, resultado da enquete realizada para este trabalho. Pode-se anexar outro, após uma consulta com os próprios alunos.

O que mais me agrada que meu mestre faça em sala de aula

1. Que explique os temas com recursos diferentes; que demonstre criatividade: 31,95%.

2. Que faça atividades lúdicas, que organize dinâmicas, que conte histórias: 26,80%.

3. Que atue com simplicidade e sem complicações para que o grupo se integre: 19,58%.

4. Que passe exercícios e trabalhos em grupo: 8,24%.

5. Que sorria, que se ria, que seja alegre: 7,21%.

6. Que faça reflexões para a vida, que não inicie os temas logo de imediato: 6,18%.

- Fazer um balanço com base nas coincidências e diferenças.
- O quanto faz o mestre daquilo que os alunos esperam que faça?
- Valorizar.
- Assumir compromissos de mudança na mente e no coração.

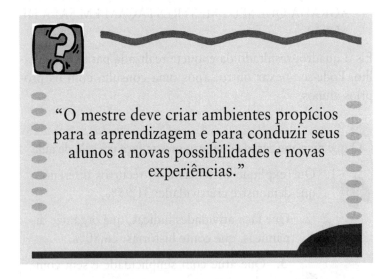

"O mestre deve criar ambientes propícios para a aprendizagem e para conduzir seus alunos a novas possibilidades e novas experiências."

4. EDUCAÇÃO ÉTICA E VALORES HUMANOS

Motivação: Valores

Ser cientista, tecnólogo, profissional, investigador... é maravilhoso; mas não é tudo. A pessoa, para ser tal, tem que crescer em humanidade, voltando seu olhar inteligente ao ambiente natural e inclinando o coração pleno de afetos a essas raízes ancestrais, a fim de que surja o olhar autoconsciente, com sentido vital que lhe permita uma interação humana com o *oikos*, com o outro; ascender permanentemente em busca da excelência ao se entender a si próprio, forjando uma cultura à luz da sabedoria.

Viver de uma maneira holística com a natureza e tudo o que existe, como companheiros de viagem, assumindo eticamente a compreensão de nosso ser no mundo, como fazedor transformador, dando sentido ao mistério de nossa existência. (Judith León Guevara, 1998)

Valores-chave:

RESPONSABILIDADE E COMPROMISSO

Esta unidade sobre a ética é uma oportunidade para refletir, como mestres, acerca da necessidade de:

- encontrar, na esfera da ética, respostas aos problemas que o mundo de hoje coloca diante da pessoa, da vida e da dignidade humana;

- assumir de uma vez por todas que não há educação sem ética e não há ética sem educação;

- apelar a princípios e valores de ordem ética para discernir acerca do que o ser humano deve fazer, ou deixar de fazer, em busca da plenitude humana, de maneira compreensiva, coerente e responsável;

- ver na ética da vida o centro de gravidade da formação integral das pessoas;

- ajudar, a partir do acompanhamento em ambientes de formação, para que os jovens pensem por conta própria, tornem-se mais autônomos, responsáveis e comprometidos.

PROPÓSITO

Precisar e circunscrever tantos termos quanto o número de participantes, relativos aos valores, à ética e ao desenvolvimento humano.

INSTRUÇÕES

❖ Distribuição dos termos selecionados em FICHAS PARES, com os significados, de maneira tal que em cada ficha apareça um termo e o conceito correspondente a outro.

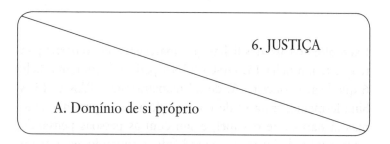

❖ Organização dos participantes em forma de círculo; ninguém volta as costas a ninguém.

❖ Leitura individual do significado ou conceito presente na ficha, incluindo a letra correspondente; enquanto isso, todos estarão atentos para descobrir quem tem o conceito do termo que está em sua ficha.

❖ Em seguida, dá-se outra volta e cada um vai pedindo a letra que lhe corresponde para proceder à leitura do valor e do conceito; se coincidirem, felicita-se o par; se não coincidirem, deverão esperar outra volta.

❖ O exercício termina quando todos tiverem descoberto seu par, fazendo corresponder o termo a seu conceito.

15. DISCIPLINA

N. Dar e dar-se incondicionalmente

Exemplo: no caso das fichas que aparecem aqui, o participante que tem a ficha 15. **DISCIPLINA** pede a quem tem a ficha 6 que leia o conceito **A**, de tal maneira que o PAR é: **15-A**. Simplesmente, trata-se de um exercício de emparelhamento, mas já não sobre o papel, e sim com as pessoas pensando, interagindo, dialogando, se ajudando, estudando, em um ambiente de participação, comunicação, atenção, associação e compreensão.

❖ Ao acabar de descobrir os conceitos-termos correspondentes, abre-se um diálogo para aprofundar os conceitos e contextualizá-los de acordo com as possíveis diferenças culturais dos participantes; também para ampliá-los e acordar outros significados e dimensões.

❖ Pode-se também optar por um trabalho por pares com respeito aos termos de suas fichas e uma posterior sustentação.

Expressar conclusões, mensagens, ensinamentos.

Avaliar o trabalho realizado e seu ganho.

Eis um exemplo de vinte termos para igual número de fichas e de participantes:

VALORES	CONCEITOS
1. Alegria.	a) Domínio de si próprio.
2. Honorabilidade.	b) Uma pessoa estabelecer suas próprias leis, segundo seus princípios.
3. Inteligência.	c) Paixão para cumprir propósitos.
4. Nobreza.	d) Exaltação interior.
5. Convivência.	e) Pôr a vocação no que se faz com inteligência e criatividade.
6. Justiça.	f) Virtude dos hábitos de maior qualidade.
7. Amor.	g) Chegar ao coração dos outros.
8. Fé.	h) Nível de relação com os outros superior à amizade.
9. Pudor.	i) Capacidade para definir a realidade em toda a sua grandeza.
10. Humildade.	j) Ter confiança em si próprio, nos outros e em Deus.
11. Respeito.	k) Deixar uma marca nos outros, no mundo, e aspirar à plenitude.
12. Tolerância.	l) Transparência espiritual que produz grandeza de alma.

13. Fraternidade.	m) capacidade de conviver com os outros sem se importar com as diferenças culturais, ideológicas etc.
14. Responsabilidade.	n) Dar e dar-se sem condições.
15. Disciplina.	o) Participar aos outros o que se é e o que se tem.
16. Autonomia.	p) Tratar os outros de tal maneira que se leve em conta a dignidade humana e o reconhecimento de suas qualidades e valores.
17. Abertura.	q) Virtude protetora da intimidade e dos segredos profundos de cada pessoa.
18. Transcendência.	r) Atuar sem sentimentos de superioridade, reconhecendo a fragilidade humana.
19. Afeto.	s) Dimensão humana que leva a relacionar-se com os outros e com o universo em termos inteligentes.
20. Entusiasmo.	t) Pilar ético indispensável para o equilíbrio entre os seres humanos e na relação harmônica destes com o universo.

> É urgente defender uma educação que efetivamente contribua para a formação integral de uma juventude com consciência ética e cidadania, sensibilidade social e conhecimentos úteis. Não podemos continuar educando à maneira do século XX.

4.1. Mobilização do *ethos* para o desenvolvimento humano

"Há no homem um *ethos-logos* que o impulsiona a saber ou, pelo menos, a querer saber; com razão, Goethe põe nos lábios de Fausto esta lamentação: 'E sentir agora que nada se pode saber!'. Esta idéia me desfaz o coração." (Karl Popper)

Mobilização do *ethos* para o desenvolvimento humano

"O desenvolvimento humano é um conceito amplo e integral que compreende todas as opções humanas, em todas as sociedades e em todas as etapas do desenvolvimento." Esta afirmação do Programa das Nações Unidas para o Desenvolvimento (PNUD), em 1992, dá ao desenvolvimento humano uma conotação tão vasta que inclui o eco-bio-*etho*-psico-social para as gerações atuais e as vindouras, posto que o desenvolvimento tem que se firmar agora com perspectiva de longo prazo, para que seja de caráter sustentável.

Ora, se se assume que o desenvolvimento humano abarca todas as dimensões humanas, pode-se afirmar que começa na pessoa humana, em cada eu, em cada sujeito que se encontra em projeto permanente.

O ser humano, por ser inacabado, tem a missão de se ir fazendo, tem um *ETHOS* que o dimensiona constantemente e que deve ser mobilizado, dia a dia, para seu pleno desenvolvimento; "o mais verdadeiro de um indivíduo", afirmou Paul Valéry, "e o mais próprio de si, é seu possível...", de tal maneira que toda pessoa está sujeita à sua própria vida e a há de fazer, e, à medida que a vai fazendo, escolhendo entre muitas e variadas possibilidades, vai tomando consciência de ser pessoa humana; pessoa humana que, antes de tudo, está sujeita à séria e definitiva responsabilidade de se construir, desenvolver, formar, isto é, estar submetida à tarefa permanente de ser humano, como afirmou Erasmo de Roterdam.

Esta tarefa em contínuo gerúndio implica a vivência radical de princípios fundamentais que elevam o desenvolvimento para a plenitude, isto é, a plena realização como humanos. Entre os princípios fundamentais, é pertinente evocar: a autonomia, a verdade, a liberdade, a justiça e o bem-estar.

Autonomia: é a capacidade que toda pessoa tem de estabelecer para si suas próprias normas, de decidir livremente o que vai fazer com sua vida, levando em conta os demais. Neste sentido, a autonomia está relacionada com os outros seres humanos. Nenhuma pessoa pode fazer o que lhe "dá na telha".

Com este pressuposto, o ser humano traça seu projeto e responde por ele, por suas decisões, por suas ações, resolve as interrogações de sua vida com argumentos. Fala por si próprio, comunica-se por si próprio e o faz com respeito e muita responsabilidade.

Verdade: enquanto faz um chamado a partir do próprio interior para a prática da autenticidade para nos mostrarmos como somos, sem escusas nem desculpas, remete-nos à fidelidade a nós mesmos e à lealdade para com os demais. Esta verdade nos faz renunciar à desonestidade para não ter que "afogar os gritos da consciência" e definitivamente atuar sem duplicidades. No cumprimento deste princípio é preciso trabalhar pela coerência entre a mente, a vontade e a decisão, para ir mais além de dizer a verdade, e ser verdade.

Liberdade: lança o ser humano a fazer opções, tomar decisões diante dos demais e diante do mundo. Opções que reclamam compromisso e, antes de tudo, compromisso de ser livre para "não vender a consciência" e abrir-se em serviço, solidariedade, sensibilidade, respeito e amor. Todo compromisso livre leva em si o princípio de fidelidade, que nada mais é que cumprir com o professado. Porque, quando se diz SIM livremente, é-se fiel responsavelmente.

Justiça: para poder atuar sem preconceitos, buscando o equilíbrio entre a realidade subjetiva e a realidade objetiva, sendo responsáveis com os bens do mundo, que são bens da humanidade que precisam de cuidados e cultivo, afastando a violência e erradicando todo vício, barbárie e destruição. A justiça implica igualdade de trato entre iguais e diferença de trato entre desiguais.

Bem-estar: para reconhecer em todos os seres humanos sua qualidade de pessoas com dignidade, com dons próprios de sua natureza, que têm a missão de projetá-los para o bem-estar de cada um e da comunidade. Ao reconhecermos a dignidade humana, encontraremos no mais profundo de nossa consciência a firme convicção de controlar nossos impulsos e abusos a fim de pensar nos demais como membros de uma mesma família planetária, assumindo que somos cidadãos do universo, ligados à natureza e com o que fazemos; é nossa responsabilidade.

Neste sentido, é necessário admitir que o desenvolvimento humano está comprometido com o desenvolvimento social. Quando o ser humano atua não se separa do mundo, nem de sua natureza, nem de seus congêneres. As coisas que o ser humano faz a partir de sua inteligência, como tomar posições, construir conceitos, opiniões, decidir-se por algumas coisas, renunciar a outras, ele as realiza dentro de uma sociedade, e, portanto, essa sociedade é constitutiva do ser humano.

Esta sociedade que o ser humano constrói em sua interação é a que deve ir dando sentido ao que faz, posto que se vê destinado necessariamente a sair de si próprio para transformar a realidade e transformar-se a si mesmo.

Max Neef tem razão quando fala da necessidade de articular: SERES HUMANOS-NATUREZA-TECNOLOGIA; e pode-se acrescentar que essa articulação requer união: DESENVOLVIMENTO INDIVIDUAL-DESENVOLVIMENTO SOCIAL.

É, em outros termos, a idéia de Edgar Morin, no sentido de que tudo está relacionado e cada parte tem conexão com as outras e todas elas com o todo. De tal maneira que o que o homem fizer à Terra ele o fará a si próprio; em conseqüência, se esta aldeia global for deteriorada e destruída, o ser humano estará condenado à própria destruição.

É necessário que o diálogo SER HUMANO-NATUREZA seja permanente e constante; os recursos de sobrevivência podem ser garantidos na medida em que o homem tenda a garantir o equilíbrio; se destruir a flora para construir obras de concreto, deve semear uma boa quantidade de árvores, procurando compensar o destruído. Não se pode desconhecer o dever de proteger os recursos saciadores das necessidades humanas ou de substituí-los por outros; mas, em nenhum caso devem ser eliminados de todo; fazê-lo é um ato de grave irresponsabilidade. "A qualidade de vida", afirma Max Neef, "dependerá das possibilidades que as pessoas tenham de satisfazer adequadamente suas necessidades humanas fundamentais".

No meio do binômio SER HUMANO-NATUREZA está a tecnologia com seus avanços científicos e tudo o que isso implica. E é importante estar alerta porque, como diz Max Neef: "As tecnologias presumidamente modernas costumam, por sua vez, ser enganosas"; e não apenas enganosas porque, além de gerarem gastos e tempo que não compensam a produção ou os resultados, também se constituem, em alguns casos, num problema de ordem ecológica e humana pelas graves conseqüências nos BIO-ECO-SISTEMAS, pois, ao mesmo tempo que se melhoram as condições com as novas invenções, contamina-se o ambiente e deteriora-se a qualidade de vida de todos os seres humanos.

Neste sentido, a educação deve ser entendida como um processo que tende a buscar uma melhor qualidade de vida por meio do bem-estar eco-bio-psico-*etho*-socio-cultural. Já não se pode continuar alimentando uma educação que perpetue sistemas desfocados das necessidades e das exigências do mundo de hoje; isto não tem sentido quando se entende que o mundo está em constante evolução. Tudo muda, e muda minuto a minuto. O que a educação deve fazer é contribuir tanto para o desenvolvimento humano como para o econômico, o cultural, o político, o ambiental, o profissional etc. Não se pode conceber o desenvolvimento isolado de tudo aquilo que tem a ver com a pessoa humana.

A pessoa vai-se desenvolvendo, como tal, quando se move em ambientes que lhe *proporcionem* os insumos e os recursos próprios de seu crescimento integral; quando, além disso, vai exibindo humanidade em todas suas ações. De modo que é preciso assumir a educação como um processo dinâmico que tenha como propósito indeclinável a realização do aperfeiçoamento de cada indivíduo como pessoa humana.

O mestre, portanto, tem o compromisso de mobilizar o *ETHOS* de seus alunos em todos os ambientes suscitados dentro dos processos de ensino-aprendizagem, que não devem ser outra coisa senão processos de construção, reconstrução e criação.

ATIVIDADE SUGERIDA

★ Organizar uma discussão acerca das formas como um mestre pode mobilizar o *ethos* de cada um de seus alunos para o desenvolvimento humano.

* De que maneira se pode fortalecer os princípios fundamentais da ética em cada estudante?

* Delinear com perguntas, afirmações e artigos da imprensa a problemática da educação dentro do sistema político em que o país vive e dentro das políticas traçadas por organismos internacionais que influem direta ou indiretamente.

* Diante da atual situação nacional e mundial, o que uma instituição educativa pode fazer para mobilizar o *ethos* de sua comunidade tendo em vista o desenvolvimento humano?

* O que o grupo de mestres pode fazer coletivamente no mesmo sentido?

* O que cada mestre pode fazer em sua sala de aula?

* DETERMINAR AÇÕES.

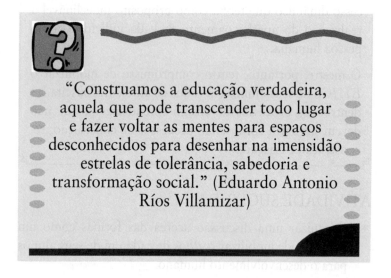

"Construamos a educação verdadeira, aquela que pode transcender todo lugar e fazer voltar as mentes para espaços desconhecidos para desenhar na imensidão estrelas de tolerância, sabedoria e transformação social." (Eduardo Antonio Ríos Villamizar)

4.2. O desenvolvimento a serviço do desenvolvimento humano

> Somos a espécie menos acabada e, por isso, mais aberta a muitas e variadas possibilidades de desenvolver-se, de completar-se ou de tentar fazê-lo mediante a liberdade de escolher e retificar.

ATIVIDADE SUGERIDA

❖ Estudar e comentar em pares o texto a seguir.

❖ Tomar nota das idéias mais relevantes ou que mais chamem a atenção.

❖ Organizar-se em pequenos subgrupos para aplicar uma técnica com ênfase na solução de problemas (ver p. 227).

❖ Eis algumas perguntas para compreensão do desenvolvimento humano que devem ser respondidas no trabalho em grupo combinado.

- Qual é o conceito oposto ao conceito de desenvolvimento humano? Dar razões.

- Descrever pelo menos três elementos constitutivos do desenvolvimento humano.

- Que acepções conhecem da expressão *desenvolvimento humano*?

- A que está condicionado o desenvolvimento humano?

- Qual é a antítese desta afirmação de Morin: "A razão da educação não pode ser outra senão a formação humana [...] Sua tarefa consiste em impregnar os processos educativos de valor formativo [...] Sua intenção é elucidar as condições humanas de cada ser e de todos como humanidade, possibilitando a contínua criação de mundos com sentido"?

- Em que medida é válida, hoje, a seguinte afirmação de Rafael Campo e Mariluz Restrepo: "O homem só existe na sociedade e pela sociedade. Toda sociedade instaura, cria seu próprio mundo no qual, evidentemente, ela está incluída [...] a sociedade faz parte desse contínuo fazer-se sujeito humano".

O desenvolvimento humano

O desenvolvimento humano não é possível quando não há nos países uma política educacional definida com clareza e contundência em favor desse desenvolvimento.

Na América Latina, a educação tem estado sob o vaivém de interesses alheios que condicionam os empréstimos e as ajudas econômicas a lineamentos traçados por organismos mundiais. Isto não seria tão grave se estivesse definido o que se quer no plano educacional. A falta de política incide na carência de um mapa orientador e de uma bússola que assinale o norte a seguir.

Não obstante, poder-se-ia avançar um pouco no desenvolvimento humano se as grades curriculares tivessem a intenção explícita de tender ao desenvolvimento humano, social, cultural e local.

Quando, porém, vão as grades curriculares apontar para o desenvolvimento humano se ainda continuam a controlar e avaliar dados, capacidade de evocação e capacidade de memória sem somar o desenvolvimento de competências?

Naturalmente, não temos de esperar tudo da escola formal; mas tampouco devemos desconhecer sua forte influência; além disso, a educação informal tem muito que ver com o desenvolvimento local, social, cultural, ambiental etc. Por isso, a educação formal tem o dever de se inserir na educação informal para exercer uma influência que permita um direcionamento para o desenvolvimento humano. Daí a grande importância que tem a pedagogia assumida pelo mestre com claros princípios antropoéticos, para usar o termo de Edgar Morin em seu documento sobre os sete saberes para a educação do futuro; a esse respeito, ele diz: "Todo desenvolvimento verdadeiramente humano deve compreender o desenvolvimento conjunto das autonomias individuais, das participações comunitárias e a consciência de pertencer à espécie".

Percebe-se uma grande esperança cifrada na educação formal, mas esta maravilhosa esperança implica que todos os seres humanos em idade escolar estejam matriculados, desenvolvendo processos em alguma entidade educativa e, deste modo, cada centro educacional deve propender, a partir de sua grade curricular, ao desenvolvimento humano e sociocultural. Trata-se de um tecido que envolve a humanidade inteira, as comunidades e as famílias, e exige um compromisso sério dos estados.

Tudo está intimamente relacionado: o desenvolvimento humano depende do desenvolvimento sociocultural das comunidades e este, por sua vez, depende daquele. É um círculo íntegro.

As aptidões de todo ser humano se desenvolvem quando o ambiente as favorece. Naturalmente, o homem é capaz de se adaptar ao meio; porém, o próprio homem deve ir gerando um ambiente que lhe seja propício para o seu próprio desenvolvimento como ser humano.

Neste sentido, Morin propõe que o homem se dedique a criar as condições propícias para o seu desenvolvimento. Já não se trata de o homem se adaptar à situação; esta adaptação corta as asas da liberdade e as ânsias de superação e de autêntico desenvolvimento:

> A razão da educação não pode ser outra senão a formação humana [...] Sua tarefa consiste em impregnar os processos educativos de valor formativo [...]. Sua intenção é elucidar as condições humanas de cada ser e de todos como humanidade, possibilitando a contínua criação de mundos com sentido.

É clara a tarefa do ser humano: ir-se fazendo dentro de certas condições e ambientes que lhe permitam sua autorrealização. Para isso, tem de resolver, o mais rapidamente possível, as necessidades básicas e as necessidades de segurança; não pode ficar a vida toda procurando sua manutenção e os recursos elementares de sobrevivência.

O assunto, no entanto, torna-se complexo porque o desenvolvimento não é o fruto de uma ação individual, mas social; a ação humana sempre é com o outro. A esse respeito, afirmam Rafael Campo e Mariluz Restrepo, em seu documento *Formação integral*: "[...] O homem só existe na sociedade e pela sociedade. Toda sociedade instaura, cria seu próprio mundo no qual, evidentemente, ela está incluída [...] a sociedade faz parte desse contínuo fazer-se sujeito humano".

Portanto, a escola não pode se considerar um ente isolado que realiza algumas atividades ou desenvolve alguns programas como se se tratasse de uma programadora de eventos; ela deve se sentir uma peça fundamental da engrenagem da sociedade que, se não contribuir com sua acertada mediação para o desenvolvimento integral dos alunos, obstruirá todo o sistema, falhando no propósito de contribuir para o desenvolvimento humano.

Resultados da enquete:

A que deve um mestre se dedicar mais?

1. A preocupar-se com os alunos, atendê-los, estar atento a eles: 42,63%.
2. A ter boa metodologia: 21,73%.
3. A concentrar-se em sua matéria, a ensinar e certificar-se de que seus alunos aprendam: 20,85%.
4. À formação integral: 14,78%.

"É preciso dar mais atenção às relações que aos conhecimentos." (Edgar Morin)

4.3. Educabilidade – ética – ensinabilidade

"A vida é maravilhosa quando os professores indicam aos alunos um caminho para viver uma aprendizagem que sirva para o crescimento como pessoa."

(Luis Felipe Jaramillo Giraldo. Estudante de Manizales, Colômbia)

ATIVIDADE UM

- ❖ Técnica de produção em grupo: de binômio a plenário (ver p. 205).

- ❖ Utilizar durante a técnica os termos educabilidade, ensinabilidade e ética, para acabar redigindo a relação entre os três.

- ❖ Apresentar a produção elaborada por dois ou três subgrupos.

- ❖ Identificar as semelhanças e as diferenças.

ATIVIDADE DOIS

- ❖ Ler em voz alta, comentando, o texto a seguir.
- ❖ Verificar as semelhanças do texto com a produção elaborada pelo grupo.
- ❖ Afinar a produção.
- ❖ Chegar a acordos e tirar conclusões.

ATIVIDADE TRÊS

- ❖ Argumentar de que maneira se pode dar a mobilidade entre a ética e a moral. Citar casos concretos que ilustrem cada argumento.

A relação educabilidade-ensinabilidade mediada pela ética

O HOMO FRONESIS conjuga em si dois aspectos fundamentais na vida do homem, que não são o mesmo, mas têm muitos fatores em comum: a ética e a moral.

A ética começa pela tomada de consciência de ser e de dever ser. No dizer de Patricio Villalba Bustillo:

> Este dever ser não pode fundar-se em uma ética normativa, mas em uma ética que aponta para o encontro interior e transcendente. É o fundamento dos valores íntimos do ser humano. É a voz interior que orienta o ser [...] Quando se calam as vozes confusas do mundo, escuta-se aquela voz que indica o caminho do que se deve ser.

A ética é essa ação que o ser humano realiza em si próprio para ser o administrador de sua própria conduta, de seu próprio comportamento à luz de um projeto que o lança à realização como pessoa humana transcendente.

Ao longo da história, o significado do termo ética ganhou novo significado e, atualmente, também abarca pretensões de ordem profissional, com o fim de determinar os códigos das diferentes disciplinas que posicionam o ser humano em territórios específicos de acordo com suas capacidades, habilidades e competências. Neste sentido, a ética kantiana fala de ética profissional.

Esta ação que todo ser humano realiza por si mesmo não pode estar alheia à moral que se refere a "postulados genéricos comuns de uma macrocoletividade social" (Alberto Múnera, Pontifícia Universidade Gregoriana). Se assim for, a ética apontará mais para o compromisso que cada pessoa tem consigo mesma, enquanto a moral referir-se-á ao compromisso com a sociedade. A moral é normativa, e estas normas surgem de instituições tais como a família, a Igreja, a escola e a convivência de cidadania.

Para que se possa avançar no crescimento como pessoa e como ser humano, surge a necessidade de se exercer uma hábil mobilidade entre a ética e a moral, de modo que as normas morais não sejam um obstáculo à realização do projeto ético e este, tampouco, contradiga de maneira substancial a moral própria da comunidade na qual se vive. Talvez seja por esta mobilidade que haja os que confundiram a ética com a moral e falaram de uma e outra de maneira indistinta.

Este crescimento da pessoa em si mesma (*ethos*), dentro de uma comunidade (*mos-moris*), contribui, sem dúvida alguma, para a formação integral da pessoa, para o que deve ajustar seu comportamento às exigências de uma sociedade que espera dela sua liderança para contribuir, a partir de seu progresso, para a prosperidade da sociedade; se o homem vai mudando, a sociedade também vai.

Pelo referido, pode-se afirmar que a ética é constitutiva da formação integral e componente fundamental da educação. Adquirir forma, e concretamente forma integral, é tarefa própria da ação educativa, e tomar consciência como pessoa e como humano que deve projetar-se a uma meta principal de auto-realização e transcendência é tarefa própria da ética; portanto, o ser humano está em permanente construção, e, neste sentido, pode-se afirmar que não pode haver educação sem ética, nem ética sem educação.

Segundo a equipe de Óscar Sáenz, na obra *Pedagogía general*, corresponde ao homem em permanente construção o conceito de educando, o qual supõe o de educabilidade, que, segundo Johann Friedrich Herbart, é "[...] a capacidade que o homem tem de receber influências e elaborar ativamente sobre elas novas estruturas espirituais em ordem a seu desenvolvimento". O que, efetivamente, tem que ver com as capacidades e potencialidades de cada pessoa, mas esta não pode fazê-lo sozinha; requer a ajuda da educação.

HOMO FRONESIS ⟺ HOMO SAPIENS ⟺ HOMO SOCIUS

Neste ponto da reflexão, o HOMO FRONESIS une-se ao HOMO SAPIENS como educando que sempre esteve no centro do interesse educativo e a quem, nos últimos tempos, se reconheceu a capacidade de autonomia, auto-realização e transcendência, assim como sua inteligência superior. De tal maneira que a capacidade de educabilidade é, em certo sentido, uma possibilidade do ser humano para a qual deve cooperar. Ele sabe que não pode formar-se a si próprio; é HOMO SOCIUS, que necessita dos demais e da realidade cultural, requer oportunidades para crescer integralmente em sua formação humana, que é o grande propósito da pedagogia.

A partir deste ponto de vista, o trabalho do educador estriba-se principalmente em criar ambientes que permitam a educabilidade. Como esta é pessoal, o mestre deve levar em conta as diferenças individuais e, em geral, o livre desenvolvimento da personalidade de cada um dos alunos, o que implica que o educando deva tomar decisões de modo a libertar-se dos obstáculos que lhe impedem o desenvolvimento integral; deve saltar, por si mesmo, sobre os esquemas fixos que não concordam com os avanços deste tempo e o desarticulam da realidade, inclusive de seu projeto ético; deve inclinar-se para o seu desenvolvimento físico, psíquico, emocional, intelectual, cognitivo e, em geral, para o desenvolvimento de todas as suas dimensões, entendendo por desenvolvimento o progresso ascendente como pessoa e ser humano com o fim de chegar a pensar, falar e atuar responsavelmente por si próprio como SER singular, autônomo, criativo e relacional.

A educabilidade é um atributo exclusivo do ser humano e requer um ambiente propício para a sua realização.

Paciano Fermoso tem razão ao afirmar que "a educabilidade é intencional, a possibilidade não está à mercê de algumas leis naturais, mas é o sujeito que é dono de si próprio e dirige o rumo e a viagem, de acordo com as metas e ideais a que se autodetermina".

Essas metas e ideais não podem prescindir da ética, porque esta é uma ação que realizamos em nós mesmos, para nos transformarmos em sujeitos de nossa própria conduta. Portanto, educabilidade e ética interagem criando uma indeclinável e estreita relação pedagógica. A ética impregna a educabilidade para lhe dar sentido, ou, como afirma Miguel Ángel Pérez, a educabilidade deve ser a ética da pedagogia.

Enquanto o binômio educabilidade-ensinabilidade privilegia a busca da verdade do conhecimento, a ética advoga, primeiro que tudo, o "conhece-te a ti mesmo", proposta de Tales de Mileto adotada por Sócrates, e que continua vigente como princípio e fim do comportamento humano.

A ética dá um sentido profundo de auto-realização e transcendência à educabilidade e contribui para encaminhar a ensinabilidade em ordem à qualificação da vida do ser humano. A ética dá consciência à ciência e se inclina pela ação responsável de quem a conhece e tem a responsabilidade de ensiná-la.

Ensina-se a estudantes concretos e a ensinabilidade está condicionada às relações de comunicação entre o mestre, a ciência e o aluno. Não se pode ensinar com rigor e certeza o que não se domina, assim como tampouco é possível permitir a aproximação dos alunos a essa ciência quando não se cria um processo didático que a facilite. Além disso, o que se ensina deve apontar as expectativas, aspirações, projetos e motivações vitais dos alunos.

Por isso se pode afirmar que há uma íntima relação entre educabilidade e ensinabilidade mediada pela ética.

EDUCABILIDADE ⬌ ÉTICA ⬌ ENSINABILIDADE

Acreditar na relação da pedagogia com a ética é, em certo sentido, aceitar que a educação deve ser repensada, correndo o risco temerário de admitir que a educação deve ser em si mesma ética. Não se trata de componentes justapostos. Trata-se de fazer da docência um trabalho ético que sirva ao ser humano para viver melhor, para conviver fraternalmente, para atuar sobre si próprio, procurando ser mais pessoa humana, e melhor, e influindo no mundo para que se converta em um lugar no qual caibamos todos com sã tolerância e respeito pelas diferenças.

O saber sem ética não é significativo; o saber com sentido ético eleva a qualidade de vida de todos os atores do teatro da vida.

Faz-se necessário articular pedagogia e ética de tal forma que, quando o ser humano estiver projetando sua vida, o faça levando em conta que os processos de ensino e aprendizagem não são para encher de dados e de informação, mas para integrar na vida tudo o que se aprende com o fim de vivê-la com dignidade e com honra.

Em suma, a relação educabilidade-ética-ensinabilidade influi tanto na educação que o currículo, considerado território da pedagogia, deve ser eminentemente ético se se quiser que contribua para uma formação integral que sirva mais à personalização e humanização do ser humano do que à simples formulação de normas e restrições.

O que mais lhe interessa como aluno?

1. Aprender com alegria, com prazer: 52,2%.
2. Adquirir boa formação: 18,2%.
3. Que a formação fique para sempre: 11,3%.
4. Ser alguém na vida: 9,7%.
5. Ser um bom profissional: 7,8%.

4.4. Educação ética e valores humanos

ATIVIDADE UM

Comentar e analisar as seguintes afirmações de estudantes de centros educacionais da cidade de Manizales, Colômbia, e que pertencem a diversos níveis acadêmicos e sociais.

"Que os bons professores não se deixem cair na mediocridade e continuem dando o melhor de si para ensinar e que os medíocres se dêem conta de que os que perdem não são apenas os alunos, mas também eles próprios, porque se tornam mais pobres de pensamento."

Valentina Molina

"Professores: o futuro do nosso país está em suas mãos e nas nossas. Ajudem-nos a construir um melhor amanhã para continuar em frente; seus contributos são valiosos e necessários."

Laura Aristizábal Franco,
Colégio Filipense

"Aquilo a que um professor mais se deve dedicar é a formar seus alunos com todos os seus conhecimentos e a maior quantidade possível de valores."

Javier Carmona León

"Se quisermos um país cheio de futuro, devemos começar por nós mesmos. Vocês, professores, ensinem bem, para que sejam bem entendidos e eduquem seus alunos com disciplina, que eles saberão lhes agradecer."

José Rafael Rodríguez,
estudante de Biologia e Química

"Caros professores: durante o ensino não se preocupem em forçar os alunos a compreender os temas; preocupem-se com a personalidade e a forma de ser de cada aluno, identifiquem suas qualidades e capacidades e assim procedam a ensinar."

Andrés Felipe Penagos

"Obrigado, professores, por fazerem de mim uma mulher de bem, sábia, com valores e qualidades. Obrigado por seu apoio em minhas complicações."

Paula Andréia Morales

153

"Um bom professor é compreensivo e pratica a virtude da tolerância com seus alunos."

Luisa Fernanda Sánchez

"A forma mais fácil de ganhar o respeito dos alunos é sendo amáveis com eles e oferecendo lições de vida acima do academicismo; mas sem perder a autoridade que os deve caracterizar."

Cristian A. Ch.

"O professor não é apenas o que ensina, mas também o que guia por um caminho correto e que se considera amigo de todos."

John Freddy Mejía Andrés Bello

"Professores: que tudo não seja apenas trabalhar e dar aulas, mas que também se alegrem com nossas alegrias e unam-se a nós."

Mario Alberto Rojas C.

"Mestres, deixem de pensar que os alunos também são adultos; estamos apenas na adolescência."

Jorge Iván Arredondo

"O mais importante na vida não são as matérias, mas os que nos ensinam a ser alguém na vida."

Edith Maricela Márquez G.

"Professores: façam do ensino uma paixão e não a pratiquem como uma obrigação."

Estudante do Bacharelado

ATIVIDADE DOIS

Procurar uma das técnicas de trabalho em grupo que aparecem na unidade seguinte para estudar o texto que vem na seqüência e:

✷ Chegar a um conceito de competência ajustado à ética e aos valores humanos.

* Definir os eixos fundamentais para cada grau.
* Ajustar os âmbitos e componentes temáticos de cada eixo, segundo o grau.
* Ajustar competências interpretativas, argumentativas e propositivas para cada grau.

A ética, competência formativa

O Instituto para o Fomento da Educação Superior, ICFES, assume a competência como "um saber atuar em contexto [...]", mas não é difícil concordar com Ignacio Abdón Montenegro quando estabelece que se uma criança está vivendo em um ambiente de violência onde é maltratada, estaríamos dizendo que ela será competente se souber fazer as coisas nesse ambiente de violência. Assim, é necessário precisar o conceito de competência a partir do ponto de vista da ética e dos valores, levando em conta o desenvolvimento integral de todo ser humano, como pessoa e como ser humano; nesta ordem de idéias, a competição também é a capacidade de transformar os ambientes adversos ao desenvolvimento humano para convertê-los em contextos "em favor da convivência e do bem-estar humano"; portanto, não se pode fazer qualquer coisa, de qualquer maneira, em qualquer parte.

Neste sentido, Ignacio Abdón Montenegro, analisando os vazios do conceito dado pelo ICFES, em sua obra *Aprendizaje y desarollo de competências* (2003), estabelece uma concepção mais ampla de "competências" e, sem qualquer dúvida, mais ajustada à ética e aos valores:

> Ser competente é saber fazer e saber atuar entendendo o que se faz, compreendendo como se atua, assumindo de maneira responsável as implicações e conseqüências das ações realizadas e transformando os contextos em favor do bem-estar humano.

Em ética, o fundamental é trabalhar pelo crescimento da pessoa e por seu bem-estar em todos os sentidos; isto implica que todo ser humano se assuma a si próprio e aos demais em suas dimensões biológica, intelectual, social e intrapessoal. Isto quer dizer que tudo o que o ser humano aprender em uma área ou em várias deve servir-lhe para sua auto-realização, o melhoramento do mundo no qual vive e a integração com os demais congêneres em um ambiente de prazer e desfrute pacífico de todos os bens.

Como se pode concluir, se há alguma área que contribua para a formação holística, integrando todas as demais áreas, é a ÉTICA E OS VALORES. É por isso que esta área deve ser transversal a todo plano de estudos, implícita e explicitamente.

É importante que exista a área de ética de maneira particular para clarificar conceitos, fortalecer o autoconhecimento, fazer análise do mundo, trabalhar pelo projeto ético de vida; mas também é indispensável que todas as áreas incluam um capítulo de ética, dado que todos os saberes requerem um uso aplicado ao desenvolvimento integral do ser humano e ao melhoramento do mundo, apontando para o bem-estar universal da família humana, como objetivo comum.

Colada à ética vai a estética, que tem como finalidade que o aluno fortaleça sua "sensibilidade diante do harmônico, do equilibrado, da arte, da beleza e da forma como se valoriza e cria a experiência" (*Competencias básicas aplicadas al aula*, Editorial Magisterio). Há nesta competência axiológica um sem-número de valores que têm a ver com a capacidade de usufruir, de criar, de admirar, de valorizar, que são cultivados de maneira implícita ao se dimensionar a competência ética.

Por conseguinte, há que se tender para o desenvolvimento das competências ética e estética em todas as áreas do conhecimento, posto que todas requerem seu componente axiológico.

Competências, temas gerais e eixos

A ética não é assumida apenas como uma área de formação, mas também é aceita como uma competência. Toda pessoa e todo profissional deve ser competentemente ético em seu desempenho como cidadão e em seu desempenho profissional.

Essa competência requer precisões em cada centro educacional para que haja unidade na ação dos docentes e se evite cair na moral dupla, em virtude de uns docentes a assumirem de uma maneira, e, outros, de outra. Quando em uma instituição um docente atua e se relaciona de uma maneira com os alunos e outro procede de outra maneira, não há unidade de critérios; os alunos ficam confusos, e na hora de atuar possuem moral dupla. Há que lembrar que o que mais influi na educação é o exemplo.

Eis os temas gerais para os ensinos pré-escolar, fundamental e médio, à maneira de sugestão ou de pauta:

SÉRIE	TEMAS GERAIS
Pré-escola	Sou eu, aqui estou
Primeira	Sou uma pessoa
Segunda	Tenho uma família
Terceira	Pertenço a um grupo
Quarta	Estou no mundo
Quinta	Cresço em sociedade
Sexta	A alegria de ser uma pessoa com dignidade
Sétima	A alegria de conviver
Oitava	A alegria de crescer em família
Primeira do Ensino Médio	A alegria de ser cidadão do universo
Segunda do Ensino Médio	A alegria de viver em paz
Terceira do Ensino Médio	A alegria de viver a plenitude

À luz do projeto educacional institucional e do modelo pedagógico adotados, estes temas devem sugerir os padrões e as metas a serem alcançados em cada série.

De igual modo, é necessário incluir em cada grau competências axiológicas, competências de ordem interpretativa, argumentativa e propositiva, assim como as competências básicas.

Competências interpretativas, que permitam ao aluno:

* identificar e comparar princípios e valores com fatos da vida real;

* transferir conceitos e mensagens para seu próprio contexto;

* descobrir sinais na experiência cotidiana e interpretar seu significado etc.

Competências argumentativas, que permitam ao aluno:

* sustentar causas e conseqüências de fatos com elementos conceituais, vivenciais e experienciais indiretos;

* emitir juízos de valor diante dos acontecimentos locais, regionais, nacionais ou mundiais;

* tomar posições baseadas em princípios éticos e saber sustentá-las com argumentos sólidos etc.

Competências propositivas, que permitam ao aluno:

* encontrar soluções e alternativas às situações problemáticas;

* formular seu próprio projeto de vida;

* dar testemunho de suas conquistas em sua formação pessoal;

* demonstrar mudanças em seu comportamento, de ordem cognitiva, afetiva e de atuação etc.

Eixos

É necessário precisar alguns eixos condutores que devem ser desenvolvidos pelos professores de ética e levados em conta pelos professores de todas as áreas. Daí a importância do planejamento coletivo, porque nenhum dos docentes é tão forte quanto todos eles juntos.

* *Identidade e sentido de pertença*: Fortalecer a autoestima, o autoconhecimento, relacionar-se consigo mesmo, ser indulgente, amar-se, respeitar-se, valorizar suas capacidades cognitivas, afetivas e de atuação. Cultivar as capacidades de auto-regulação e autocontrole etc.

* *Convivência*: Capacidade de relacionar-se com os outros de forma pacífica e integrar-se com criatividade, tolerância, respeito, cooperação e serviço. Assumir a realidade de seu contexto com sentido analítico e crítico à luz de princípios éticos e morais, ter sentido de pertença a um grupo, a uma família biológica e a uma família universal, a um planeta etc.

* *Auto-realização*: Contribuir com princípios de autonomia, singularidade e auto-estima para a sua auto-realização como pessoa humana e com princípios de alteridade e transcendência para a auto-realização dos demais, levando em conta que o ser humano é um ser transcendente etc.

Estes eixos devem ser desenvolvidos em cada um dos temas, ajustando-os ao grau e às dimensões cognitivas, relacional-afetiva e atuacional dos alunos, tendo o cuidado de não planejar demasiados valores porque, como recomenda Adela Cortina, "convém realizar programas de formação em valores específicos, sendo melhor poucos, até que se obtenham conquistas satisfatórias".

Além disso, é necessário revestir-se de muita paciência na obtenção de resultados, porque, como afirma o professor Luis Enrique Ruiz: "A educação em valores é um processo normalmente lento, não de curta duração, porque só alcança seu objetivo quando transforma as atitudes dos alunos".

ATIVIDADE TRÊS

✱ Analisar em subgrupos o seguinte conto:

Contos paralelos, ou A ética: uma costura

Há muitos anos havia, em uma granja afastada da cidade, uma humilde camponesa que tinha por costume juntar retalhos de tecidos de cores variadas e vistosas e, quando tinha o suficiente, dedicava-se, com a consagração própria de quem desfruta de seu trabalho, a uni-los um a um com uma costura fina, firme e apropriada. Juntava de tal maneira os pedaços que não restava entre um e outro a mais mínima oportunidade para se desunirem e desbaratar toda a obra.

Depois de muitos dias e de várias semanas a coser os retalhos, com suas mãos hábeis e delicadas, estendia seu trabalho sobre a cama de casal e sorria diante do produto de sua fé, confiança, auto-estima e dedicação.

A obra era uma colcha cheia de colorido que alegrava os olhos de toda a sua família, com peso suficiente para sustentar-se sobre a cama e não se estropiar no chão; era uma colcha que, entre costura e costura, recolhia calor para o amor dos esposos; era como um manto que cobria para dar descanso, aquecia para dar energia e cochilava para sonhar.

Com os anos, a camponesa morreu; mas a colcha ficou e ainda a conservam na família.

Perto desta granja havia uma escola com um único mestre, que tinha a missão de ensinar todas as disciplinas. Este docente, que não era especializado em nenhuma, preparava muito bem as aulas para cumprir seu trabalho com eficácia, eficiência e efetividade.

Dele se dizia que tinha mística, vocação e um modo estranho de dinamizar a aprendizagem; em matemática ensinava a honradez: "Aprende-se a fazer contas e a manejar os números", dizia, "para não se enganar a si nem enganar os outros".

Ensinava a multiplicar serviço, a somar cooperação, a subtrair má-vontade e a dividir ganhos e virtudes entre todos. Unia a matemática às ciências sociais, relacionando as operações com o tempo e o espaço.

Fazia percursos geográficos pelo mundo e pela história, destacando a bondade dos protagonistas. Valorizava não apenas os inventores, os líderes e os generais, mas também os soldados, os indígenas, os camponeses e os lavradores.

Ensinava a amar a arte, os artistas, as obras e os artesãos; mostrava a beleza da natureza e a ligava com a gratidão a Deus.

Unia a vida do universo à do ser humano e à de todas as criaturas na área das ciências naturais.

Em castelhano, com sinônimos, antônimos e conjugações, mostrava a importância da comunicação expressa com palavras decentes, otimistas, sutis, respeitosas e tolerantes.

Na área de desenho deixava voar a imaginação com símbolos que tinham significado para a vida, a família, a pátria, a identidade e o sentido de pertença à mãe-terra.

Acreditava no jogo e misturava-se com seus garotos em movimentos lúdicos que enchiam de alegria e de espontaneidade a aprendizagem.

Era um professor que unia os valores a todas as disciplinas; como a camponesa, que cosia retalhos, este mestre cosia os saberes entre si com uma costura que dava consistência a todos.

Como aquela mulher, ele tecia uma colcha que se constituía em formação integral; era educação, só que entusiasmava os alunos com o dinamismo necessário para manter o interesse do grupo. Entre matéria e matéria, a costura conseguia que esta educação servisse para a vida. Nenhuma das disciplinas era um retalho à parte; unidas, concentravam calor, alegria e otimismo.

Era um mestre que refletia atitudes de amor pelo seu trabalho. Para ele, dar aula era um meio de formação holística. Entendia que os valores não são ensinados, mas se integram ao trabalho, são vividos, são sentidos.

A ética era uma costura com a qual tecia os saberes, sendo conseqüente e dando-se a si próprio. Mais do que à mente, chegou ao coração dos garotos.

ANÁLISE

* Para analisar este texto, sugerimos que se apóie em um quadro como o seguinte ou se utilize o recurso didático: "O passado no presente" (ver pp. 57 e 257), ou se engendre outra forma. O importante é tirar o máximo proveito desse estudo para inferir ensinamentos práticos.

O que fazia a camponesa	O que fazia o mestre	O que esta semelhança significa para mim?
Há muitos anos havia, em uma granja afastada da cidade, uma humilde camponesa que tinha por costume juntar retalhos de tecidos de cores variadas e vistosas e, quando o tinha suficiente, dedicava-se, com a consagração própria de quem desfruta de seu trabalho, a uni-los um a um com uma costura fina, firme e apropriada.	Era um professor que unia os valores a todas as disciplinas; como a camponesa, que cosia retalhos, este mestre cosia os saberes entre si com uma costura que dava consistência a todos.	Para ensinar uma disciplina, devo ler muito, estar atualizado, saber de outras áreas, saber da vida dos alunos, para ligar os temas entre si e relacioná-los com a realidade do mundo e a vida dos alunos, a fim de que vejam sentido naquilo que estudam.

E assim, sucessivamente, com cada uma das idéias do conto.

NO FINAL, ASSUMIR COMPROMISSOS DE MUDANÇA NA MENTE E NO CORAÇÃO.

Os autênticos mestres sabem que seu trabalho primordial é contribuir para a formação de homens que se constituam em pessoas humanas, para que, com esta base, se convertam em excelentes profissionais.

Sabem também que dar aulas é o menos importante e que quanto mais silêncio fizerem em suas aulas, mais os alunos aprendem e não deixam de estar presentes com suas luzes e orientações.

5. ALEGREMOS A APRENDIZAGEM

Motivação:
Cada aluno aprende à sua maneira

 "Deve ser regra de ouro para os que ensinam que tudo se apresente a quantos sentidos forem possíveis [...] e se alguma coisa puder ser percebida por diversos sentidos, que se ofereça a todos eles [...]. A ciência ou notícia das coisas não é senão o conhecimento interno das mesmas e deve reunir requisitos iguais à especulação ou visão externa; isto é, O OLHO, O OBJETO E A LUZ. Dados os três, necessariamente a visão há de se realizar. O olho na visão interna é a mente ou entendimento; o objeto são todas as coisas colocadas dentro e fora da nossa mente, e a luz é a devida atenção [...]" (Jan Amos Comenius, *Didactica magna*).

Valor-chave:

CRIATIVIDADE

Um ato pedagógico, segundo os alunos que participaram na enquete para fundamentar este trabalho, caracteriza-se por ser dinâmico, ativo, participativo e se apóia na prática dos valores do respeito, da responsabilidade e da tolerância praticados por todos os atores, começando pelo professor, o qual deve ter relações humanas muito boas, sendo amável, amigável e compreensivo.

Não basta ter a intenção de ensinar e de procurar que os alunos aprendam. É indispensável ter habilidade para se aproximar deles, chegar até eles, dar-lhes confiança e credibilidade. Se os alunos acreditarem em seu mestre e confiarem nele, a tarefa de aprendizagem será facilitada.

Criar um ambiente de aprendizagem tem muitas implicações, e disso todo mestre deve estar consciente, e portanto deve se interessar em:

- manter uma boa comunicação;
- conservar um trato respeitoso;
- imprimir entusiasmo e alegria;
- demonstrar afeto pelo que ensina e pelos alunos;
- vibrar em suas aulas como em uma festa.

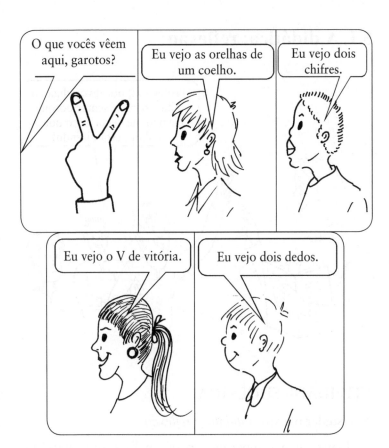

5.1. A didática: reflexão

ATIVIDADE SUGERIDA

* Estudar o texto *A didática: reflexão*.

* Reunir-se em subgrupos para analisar seu conteúdo. Pode-se optar por uma técnica com ênfase em produção, como *De binômio a plenário* (p. 205) ou o *Toque mágico* (p. 222).

* Construir um conceito de didática à luz das concepções delineadas e da própria experiência docente.

* Propor aos outros o conceito construído.

* Procurar semelhanças e diferenças.

* Expressar conclusões.

A didática: reflexão

É necessário prestar atenção especial à didática como ofício especializado nos centros educacionais, para que o docente adquira habilidades que permitam gerar ambientes de aprendizagem com o fim de utilizar meios e recursos eficazes que garantam aprender a pensar, aprender a criticar e analisar, aprender a criar e recriar, aprender a apreender; isto é, que o docente seja um mediador efetivo entre o objeto de conhecimento e o sujeito que aprende; que consiga entre ambos uma relação dialógica intencionada, pensada, consciente da incidência que tem na vida do aluno, não apenas o saber que se apreende, mas ele próprio como dinamizador do processo.

Na relação docente-estudante tecem-se componentes que de alguma maneira influem na formação integral e na vida do futuro formado. Nesta relação há encontro, há convergência, não apenas dos temas disciplinares, mas também do assunto pedagógico.

Esta relação concretiza-se na comunicação, no ato didático, de tal maneira que o educativo é relacional e há doação recíproca de conhecimentos, experiências, sentimentos, em suma, de riquezas pessoais. Portanto, o que se denomina ato didático é, no fundo, uma relação humana que tem a conotação do significado que se gera da base do *termo didaskein:* ⇨ *ensinar-aprender.*

Para Jan Amos Comenius, didática significava a técnica do ensino universal, isto é, que ensina tudo a todos; no século XVII significava a arte de ensinar, o que implicava ter habilidades, capacidades inatas para poder ser mestre.

Segundo esta concepção, nem todos eram capazes de fazê-lo. Em princípio, conta-nos Imídeo Nérici, em *Didática geral dinâmica*, exercer a arte de ensinar não incluía a formação da personalidade, nem o direcionamento para um comportamento moral e cívico que contribuísse para a melhora da sociedade. Ensinava-se simplesmente para que a pessoa aprendesse um saber, uma arte ou uma disciplina. A preocupação era ensinar bem.

Contudo, muito cedo se incluiu no fundo do significado do termo o sentido sociomoral da aprendizagem do educando. De "arte de ensinar" foi-se dando a volta para a aprendizagem, isto é, que quem desejasse ensinar ou pudesse fazê-lo não necessariamente teria de ter nascido com habilidades, mas poderia aprender a fazê-lo; transcendeu-se a didática como capacidade jusnatural e acolheu-se como

> estudo do conjunto de recursos técnicos que têm por finalidade dirigir a aprendizagem do aluno, com o objetivo de levá-lo a alcançar um estado de maturidade que lhe permita encarar a realidade, de maneira consciente, eficiente e responsável, para atuar com ela como cidadão participante e comprometido (Nérici).

A didática, então, é uma reflexão sobre o ensino e a aprendizagem, reflexão a que Ingrid Muller dá a conotação de científica e que Carlos Alvarez de Zayas, doutor em Ciências Pedagógicas, reafirma quando diz:

> A Didática é uma ciência em plena luta pelo seu desenvolvimento. Tal como o resto das Ciências Sociais, ela está em crise. Para alguns já desapareceu [...], se o mestre não tiver de se ocupar de otimizar os processos de educação, os processos de ensino, os processos de aprendizagem, os

processos de formação [...], a que ciência vai acudir? [...] os que negam a didática continuarão atuando de um modo ineficaz; os que a desenvolverem poderão contribuir, de um modo decisivo, para a formação do homem das nossas coletividades, que se possa confrontar com o mundo civilizado e ter sucesso, não apenas a partir de um ponto de vista pessoal, o qual é digno, mas imerso em sua sociedade, em seu país, em sua região e em prol de todos eles.

De tal maneira, sublinhou-se mais a aprendizagem que o ensino. Mais importante que planejar como ensinar é planejar como conseguir que os alunos aprendam.

Um, no entanto, não se pode dar sem o outro. Não há que temer ensinar quando se assume o ensino como: ação do mestre que consiste em dar sinais, dar pautas, mostrar o caminho. Neste sentido, o mestre mostra; mas não desenvolve, não esgota, não percorre o caminho em vez dos alunos. Melhor, coloca-os na linha de partida e anima-os a empreender a marcha para o conhecimento e para a busca do incognoscível. "Trata-se de que o aluno realize suas atividades acadêmicas sob a orientação do mestre, não que o mestre resolva as dificuldades que o aluno deve aprender a resolver por sua própria conta" (J. Correa, 1999).

A aprendizagem deriva de *aprehendere*: isto é, tomar posse de um conhecimento, fazê-lo próprio, assumi-lo, incorporá-lo à vida. Neste sentido, pode-se assumir a didática como um ensinar-aprender; e também se pode aceitar, em boa parte, a concepção que Louis Not apresenta ao afirmar: "A mediação didática consiste em subministrar ao aluno a informação de que não dispõe e que ele não poderia procurar por seus próprios meios, depois ajudá-lo a transformá-la em conhecimento".

O mestre apóia, acompanha, impele e partilha. Para Paulo Freire, "a tarefa do educador é a de problematizar os conteúdos e não a dissertação sobre eles, nem a de doá-los, estendê-los, entregá-los, como se se tratasse de algo já feito, elaborado, acabado, terminado". Didaticamente falando, todo mestre deve permitir que o aluno aprenda, deve proporcionar-lhe espaços que o animem a aprender, a encontrar as respostas e a formular novas perguntas.

Olga Lucía Zuluaga chama didática a uma série de procedimentos para ensinar, fundamentados em teorias pedagógicas ou educativas segundo a concepção do sujeito do ensino, dos fins da educação, da concepção do conhecimento ou da aprendizagem; esta forma de ver a didática faz pensar que esta deva atender aos saberes específicos e à concepção que se tenha da educação; mas, de todo o modo, deve atender ao bom ensino e à efetiva aprendizagem, no melhor sentido dos termos.

Portanto, para conseguir eficácia e efetividade no ato didático, faz-se necessário investigar com base em estudos recentes, na realidade acadêmica, nas práticas docentes e, sobretudo, na forma como os alunos de hoje participam nos processos de ensinar e aprender. Porque, além disso, procurar a forma de aprender também é tarefa da primeira pessoa; cada educando pode engendrar a forma de consegui-lo, de encontrar o método que lhe possibilita a aprendizagem.

Assim, os centros educacionais têm o dever e a obrigação de estudar as condições em que se desenvolvem as práticas docentes para avançar na construção de didáticas que apontem para o sentido essencial do trabalho do docente, isto é, que se obtenham resultados, que os alunos progridam em seu desenvolvimento, em sua formação pessoal e no fortalecimento de suas competências.

Os recintos acadêmicos continuarão imersos em uma concepção teórico-prática na qual o docente tem de ser um investigador, um pensador, um questionador, um criador, um mediador. Mesmo quando a aula propriamente dita desaparecer, de fato já estará sucedendo; mesmo quando a presencialidade decair e chegar à sua expressão mínima, será o docente quem deverá balizar os processos de ensino e aprendizagem e, sobretudo, será ele quem deverá lhe dar o toque formativo, os sentimentos, a entrega e o amor. Não se pode permitir que o capitalismo, com seu ingrediente individualista, desloque da educação o componente humanístico.

Portanto, é preciso procurar a forma de garantir que os ambientes de aprendizagem gerem construção de conhecimento; estes ambientes, que tradicionalmente se chamaram aulas, necessitam de configurações didáticas, o que implica, como diz Edith Litwin,

> [...] uma construção elaborada na qual se podem reconhecer os modos pelos quais o docente aborda múltiplos temas de seu campo disciplinar e que se expressa no tratamento de seus conteúdos, seu recorte particular, os supostos que maneja com respeito à aprendizagem, a utilização de práticas metacognitivas, os vínculos que estabelece na aula com as práticas profissionais envolvidas no campo da disciplina de que se trata, o estilo de negociação de significados que gera, as relações entre a prática e a teoria que incluem o metódico e a particular relação entre o saber e o ignorar [...].

Configurar didaticamente as aulas ou os ambientes de aprendizagem é penetrar na busca de processos de verdadeira aprendizagem e construção de conhecimento, diferentemente dos eventos, tais como conferências, bate-papos ou exposições que não reforçam a intenção de aprendizagem por parte dos participantes.

Essa configuração implica a utilização de recursos didáticos que não devem ser convidados improvisados, antes devem ser selecionados com critérios metodológicos levando-se em conta o nível de abstração dos temas, o nível acadêmico do grupo, a categoria dos conteúdos e, inclusive, o momento do ciclo que se está dirigindo. Esta seleção também deve responder a perguntas como: qual é a finalidade que se procura? Qual é a contribuição que dão ao tema em questão? Aumentam realmente os níveis de fixação e impressionam de maneira importante o subconsciente? Qual é a concepção pedagógica de quem dinamiza a aprendizagem?

Pelo fato de as concepções pedagógicas de alguma maneira serem plasmadas nos recursos e auxílios didáticos, quando Maria Montessori e Ovide Decroly criaram a escola nova, recorda-nos Julián de Zubiría em seu *Tratado de pedagogia conceptual*, tiveram de revolucionar os materiais educativos:

> Montessori propôs garrafas e tabuletas para educar os sentidos, peças de alturas, tamanhos, comprimentos e cores diferentes, para educar a percepção das dimensões e das cores; e formas encaixáveis e torres para facilitar a educação sensorial. Em todos eles respeitam-se as características e velocidades individuais e procura-se levar a criança das sensações às idéias. Decroly, por sua parte, privilegiará o jogo e os materiais naturais recolhidos pelas crianças. Suas intenções estão orientadas para desenvolver

a sensório-motricidade, promover a atenção voluntária e facilitar a iniciação das atividades intelectuais.

De modo que os auxílios didáticos devem ser entendidos como facilitadores do processo de aprendizagem; em nenhum caso podem ser assumidos como fins. Na época da escola ativa, os auxílios se converteram em fins, qualificava-se o caderno, qualificavam-se os auxílios, o cartaz, suas imagens, suas cores, sua distribuição, como se fossem o caderno, os cartazes ou os quadros que aprendessem.

Haverá disciplinas muito específicas que têm como finalidade avaliar um produto como parte do processo e demonstração da aprendizagem, mas esta continuará sendo a finalidade; o produto será um apoio para a demonstração do domínio conceitual, do saber científico, do crescimento do valor e das habilidades práticas. Por isso a didática deixou de ser geral após a década de 1960, quando se alicerçava nos objetivos da educação.

Contudo, não era geral de maneira aberta e descontrolada; considerava elementos fundamentais para sua aplicação, como o aluno, os objetivos, o professor, a matéria, as técnicas de ensino e o meio geo-sociocultural, conforme explica I. Nérici em sua obra *Didática geral dinâmica*, de 1992.

Deste período, é importante resgatar a forma como eram assumidos os elementos fundamentais, por exemplo, no caso dos alunos: sua forma de aprender era levada em conta e, com o apoio da psicologia da aprendizagem, estabeleceu-se que era muito importante tê-los ativos, participando, e para isso se procuravam técnicas específicas.

As técnicas e métodos deviam propiciar a atividade, procurando a participação permanente; existia um afã muito especial pela vivência do aluno, "que viva o que está sendo objeto de ensino", pregava-se, e, com relação ao meio, a escola interessava-se por orientar a sua educação para as exigências da realidade geo-sociocultural. Para que a didática se aplique de forma ajustada e eficiente, ela deve considerar que é preciso habilitar o aluno para responder a uma realidade social à qual tem de servir.

Era o modelo da pedagogia ativa, com prioridade na ação e na manipulação de objetos. Por isso proliferaram as dinâmicas de grupos, a instalação de laboratórios e a experiência direta com a natureza até chegar a tergiversar algumas das idéias de John Dewey, levando animais para serem esquartejados em laboratórios ou em salas de aula nem sempre bem dotadas para o efeito. De qualquer maneira, procurou-se superar a pedagogia tradicional cujo modelo se baseava na transmissão da informação por parte do professor e na memorização por parte do aluno. Aí, sim, a denominação de aluno, para quem memorizava, era a adequada.

Estes modelos, no entanto, precisavam ser superados e surgiu o modelo de pedagogia cognoscitiva, que, como nos explica Julián Zubiría,

> parte dos postulados da psicologia genética e propõe o desenvolvimento do pensamento e a criatividade como a finalidade da educação, transformando com isso os conteúdos, a seqüência e os métodos pedagógicos vigentes.

A refundação da didática hoje, como afirma Jesús Alberto Echeverri, da Universidade de Antioquia,

> está intimamente ligada a que o mestre seja pensado não apenas como aquele personagem que ensina e vela pela aprendizagem dos seus alunos, mas como intelectual que

pensa criticamente o ensino em relação com a sociedade, as ciências, a tradição, as artes, a religião e os mitos, a partir do seu saber pedagógico.

Não se trata, portanto, de um trabalho instrumentalista ou meramente operativo; pelo contrário, trata-se de uma tomada de consciência da responsabilidade dos docentes como dinamizadores (A) do processo de crescimento do aluno como *pessoa humana*, (B) da *ciência*, como objeto de conhecimento, domínio, descoberta, investigação e construção, e (C) da *sociedade* como ambiente eco-humano que precisa ser melhorado, adequado e ambientado para o progresso e o desenvolvimento da comunidade na qual se serve.

Estes nodos implicam "reflexão na ação", como o recorda o professor Julio César Correa: uma atividade que guia, mas que também é guiada pela reflexão que surge dessa interação, e cita Vygotsky (1987), que definiu como unidade do que nós, os cognitivos, chamaríamos

> a arquitetura funcional da consciência da própria atividade: uma atividade não concebida simplesmente como resposta ou reflexo, mas como sistema de transformação do meio com ajuda de instrumentos, ou seja, uma atividade entendida como mediação. O emprego de utensílios e instrumentos representa, ao mesmo tempo, o desenvolvimento de um sistema de regulação da conduta reflexa (com a qual não se confunde) e a unidade essencial de construção da consciência. De forma que as ferramentas, os instrumentos, as mediações são tão necessários para a construção do meio externo humano, da cultura material, como do meio interno da consciência.

A práxis deve ser exercida sobre o complexo tema didático e, particularmente, sobre a utilização dos meios, ou mediações, como os chama Vygotsky, os quais permitem apresentar os temas de maneira atraente e agradável. Seu posicionamento inteligente à luz da reflexão-ação deve ser feito procurando melhorar os índices de fixação para maior rendimento e impressionando o subconsciente para desenvolver habilidades que facilitem o aprender a aprender: "Na sociedade do conhecimento, a gente tem que aprender a aprender. As matérias podem ser menos importantes que a capacidade dos alunos para continuar aprendendo e sua motivação para fazê-lo" (P. Drucker, 1997).

E, para que os meios e técnicas próprios da didática adquiram sentido, recorda-nos Vladimir Zapata (doutor em Educação, Universidade de Antioquia), "têm que articular-se à intencionalidade que é a formação e estender-se subordinadamente a ela". Isto requer um exercício de conjunto, de equipe, em assessoria constante com a finalidade de que esses meios, recursos e auxílios não se convertam em desencaminhadores em alguns casos, suplantadores do docente em outros, ou, o que é ainda pior, em preenchedores de espaços improvisados que costumam ser um engano e uma injustiça no trabalho educativo.

Há que dar aos alunos a oportunidade de seguirem seu próprio caminho. O importante é ensinar a aprender. Nisso entram em jogo a memória e o esquecimento. Freqüentemente, o mestre deve esquecer o que sabe para que o aluno o descubra. Segundo Heidegger, ensinar é mais difícil que aprender, porque ensinar significa deixar aprender. Mais ainda, o verdadeiro mestre não deixa aprender nada mais que o aprender. Por isso, também, sua obra muitas vezes produz a impressão de que não se aprende propriamente nada dele, se por aprender se entender nada mais do que a obtenção de conhecimentos úteis.

5.2. Estratégias

Professor, quando ensinar algo, não diga que é a última palavra, ensine a duvidar.

Estratégias

O mestre é, antes de tudo, um educador; o que implica duas fortalezas importantes:

- ❖ ser academicamente muito rigoroso e
- ❖ ser humanamente muito compreensivo.

O educador privilegia o diálogo respeitoso, aceita a discussão em um ambiente de liberdade e sã tolerância e está muito atento às diferentes idéias com clareza ideológica. Não confunde ordem com uniformidade, nem autoridade com autoritarismo; além disso, não tem dificuldade em reconhecer suas limitações, em saber dizer "não sei" quando for necessário.

O educador é um mestre que acredita na juventude, aceita seu inconformismo e contribui para gerar um ambiente de confiança para que os alunos se expressem espontaneamente sem temor e sem aparências, estimulando, assim, a participação e a criatividade.

O autêntico educador forma ensinando, forma construindo cenários formalizados para isso, forma de maneira intencional, com propósitos, padrões de qualidade e critérios de excelência, diferentemente da formação que todos os dias consegue uma mãe, um psicólogo, um médico ou um sacerdote; é por isso que sabe que o conhecimento não tem muito sentido se não for partilhado com os alunos em um cenário pedagógico, rico em comunicação, dinamizado por uma estratégia didática que provoque a participação de todo o grupo por meio da maior quantidade possível de sentidos.

A verdadeira estratégia de aprendizagem "é um conjunto de atividades que, por sua estrutura orgânica", como diz Ignacio Montenegro, "aumenta a probabilidade de obter uma determinada realização"; portanto, promove a expressividade e a criatividade e requer um espaço pedagógico no qual o convidado de honra é o conhecimento, sem esquecer que deve estar acompanhado da realidade social na qual se vive, dos problemas que rodeiam o aluno, de seus sentimentos e de suas emoções. Isto é, considera as dimensões cognitiva, afetiva e atuacional.

A verdadeira estratégia didática não permite enquadrar o aluno em números, fórmulas e equações, mas, pelo contrário, permite ter em conta que é um ser humano com originalidade, autonomia, singularidade, projetos, sonhos e idéias, na maioria das vezes diferentes das de seus educadores.

A estratégia didática gera um ambiente de trabalho e estudo no qual se promove o conhecimento científico e também o conhecimento humano, porque são adquiridos conhecimentos de toda a ordem, a ponto de o mestre se conhecer mais a si mesmo, conhecer seus estudantes, estes conhecerem-se a si mesmos e também entre si; e tudo isso lhes permite, a uns e outros, tomar consciência das próprias maneiras de sentir, trabalhar e reagir.

A estratégia didática caracteriza-se por ser lúdica, não no sentido de ser um jogo, mas no de tornar agradável a aprendizagem, motivar o estudo, tornar interessante toda a atividade, desfrutar-se do que se faz e não se sentir o tempo.

A estratégia didática é rica em conteúdos, convoca à expressão dos participantes em todas as suas formas, emergindo dela a produção de conteúdos em forma pessoal e em forma coletiva, conseguindo que a interação constante contribua para a formação integral, sem sectarismos nem duplicidades; sem amestrar nem domesticar.

A estratégia didática dinamiza a busca da verdade no meio da análise, do inconformismo, da dúvida e da avidez pela apreensão de novos conhecimentos.

Por tudo isso e muito mais, o autêntico mestre entende que uma de suas principais tarefas é estar em uma busca constante de estratégias, métodos e auxílios para conseguir uma melhor resposta de seus estudantes; por isso, a criatividade faz parte do seu estilo de vida.

Em suma, a estratégia didática respeita certas condições mínimas que regulam a aprendizagem (ou princípios, segundo Ignacio Montenegro):

- **DIVERSIDADE E INTEGRALIDADE:** É necessário variar. Os alunos se cansam quando se monopoliza uma determinada estratégia. Além disso, é preciso levar em conta o aluno como um SER integral e as demais áreas do conhecimento para integrá-las. É por isso que apresentamos, neste volume, um bom número de estratégias e recursos que geram estratégias para que o dinamizador ou facilitador adapte a mais conveniente ao tema, à competência, ao padrão e à realização; além disso, ele pode fundir umas com as outras, como no caso do TEHIBIQUE.

- **RITMO E GRADUALIDADE:** Está claro que nos processos ensino-aprendizagem deve-se respeitar o ritmo de cada estudante; contudo, não é preciso ir no ritmo do mais lento, como reza o princípio do trabalho em grupo, nem tampouco no passo do mais rápido. É necessário procurar a forma de levar um ritmo prudente para evitar a fadiga por excesso ou a inaptidão por defeito. Além disso, deve-se ir apresentando as conquistas a alcançar de maneira gradual para que os alunos se animem. O inalcançável desanima.

- **LUDISMO E ESFORÇO:** As estratégias e recursos devem permitir o usufruto, o desfrute, de modo que as atividades sejam realizadas, não fatiguem e nem desalentem. "Aprender a imprimir ludismo às atividades pedagógicas", afirma I. Montenegro, "é fazer da instituição educativa um mundo feliz". Mas tampouco deve-se omitir o difícil, mesmo parecendo uma contradição. No meio do desfrute faz-se o que exige dedicação.

- **PARTICIPAÇÃO E ORGANIZAÇÃO**: As estratégias devem ser desenhadas de modo a induzir à participação de todos de maneira organizada, atendendo ao tema e às realizações propostas. Ordem não significa silêncio nem imobilidade totais; significa que a atividade permite resultados concretos em meio à diversidade.

- **AUTONOMIA E COOPERAÇÃO**: As estratégias devem respeitar a autonomia dos participantes, para que possam se expressar, discordar, dar suas idéias, fazer suas propostas e ser escutados; além disso, devem promover a interação, mesmo nos momentos de trabalho individual. Os trabalhos em grupo são mais ricos se a eles se chega com produções pessoais. A estratégia adotada dirá em que momento o trabalho é individual e em que momento é grupal. A produção pessoal põe à prova as realizações individuais, o trabalho de grupo põe à prova a capacidade de cooperação, compromisso e liderança.

- **RESPEITO E AFETO**: Acima de tudo, uma estratégia deve contribuir para a prática de um sem-número de valores entre os quais cabe destacar o respeito e o afeto. Respeito e afeto que se traduzem em sã tolerância e aceitação do outro.

ATIVIDADE UM

Analisar o texto e aprofundar seus elementos.

1. Que acepções você conhece da expressão: estratégia didática?
2. O que se entende por cenário pedagógico?
3. O que se entende por estratégia didática?
4. Que elementos a estratégia didática implica?
5. Que relação encontra entre estratégia e cenário?
6. Que relação de semelhança e de diferença há entre estratégia didática e recursos ou auxílios educacionais?
7. De que maneira pode um cenário pedagógico ser dinamizado por uma estratégia didática?
8. Enuncie algumas estratégias utilizadas em suas aulas e confronte-as com as de seus companheiros de diálogo. Que condições ou princípios para a aprendizagem cumprem suas estratégias?
9. Que tipo de relações encontra entre os termos: expressiva, comunicativa e criativa?

ATIVIDADE DOIS

- ❖ Analisar o resultado da enquete à pergunta: Quais são as melhores aulas?
- ❖ Destas características enunciadas pelos alunos, quais estão permitidas ou promovidas por vocês em suas aulas?
- ❖ Quais destas características você valida e quais subestima?
- ❖ Partilhe com seus companheiros as respostas, impressões e vivências no sentido de quais são as melhores aulas.

QUAIS SÃO AS MELHORES AULAS?
AS MELHORES AULAS SÃO AQUELAS NAS QUAIS O MESTRE:

Nos permite a criatividade: 35%.

Utiliza estratégias participativas: 28%.

Põe-nos a trabalhar em grupos: 22%.

Explica pouco e nos põe para trabalhar: 8%.

Entrega as orientações para o trabalho: 4%.

Põe-nos para trabalhar individualmente: 3%.

"Quando o adulto enfrenta algo sem sentido, quando não consegue encontrar indicações ou orientações para lidar com isso, foge ou volta-se para outros (o psiquiatra, a religião) em busca de ajuda. Mas a criança não sabe a quem se voltar, simplesmente é enviada para 'ali' e deve permanecer naquele lugar e junto com os outros. E a escola converte-se em fonte de frustração de uma necessidade importantíssima: a necessidade de compreensão e de totalidade por parte da criança." (América González, *Prycrea*, 1995)

5.3. Ambientes de aprendizagem e recursos didáticos

"O mestre deve 'esquecer' o que sabe para que o aluno o descubra." (Tashashi)

Ambientes de aprendizagem

Hoje em dia, os alunos consideram que as melhores classes são aquelas nas quais os mestres permitem a criatividade, utilizam estratégias participativas e promovem o trabalho em grupos. Já não querem tudo feito e elaborado pelo professor.

Quando eu era criança meus mestres estudavam os temas, memorizavam-nos, elaboravam quadros sinópticos, preparavam auxílios, elaboravam materiais, fichas, desenhos e suas aulas convertiam-se em um desperdício de memória, boa letra, excelentes desenhos ou lâminas, e ficava-se como bom espectador, de boca aberta, admirado com tanta maravilha; mas quem realmente aprendia era o mestre. Depois ele preparava um exame que só podia ser contestado e aprovado por ele mesmo. Era como pôr alguém para nadar depois de ter visto um campeão olímpico em ação.

É por isso que os papéis têm de mudar. São os alunos que devem estudar, elaborar quadros sinópticos, mapas, esquemas; preparar materiais, auxílios, demonstrações e exposições, não apenas apoiados em cartolinas e papéis-cartão, mas nos avanços tecnológicos, por meio de gráficos, fluxogramas, estradas conceituais e outros recursos para projetá-los e apresentarem fluidez verbal, técnicas comunicativas e esbanjarem conhecimentos e habilidades para a aplicação.

Então, qual é o papel do mestre no ato docente ou nesse espaço denominado aula?

O papel do mestre é: CRIAR UM AMBIENTE DE APRENDIZAGEM no qual haja comunicação constante, oportunidades diversas de expressão oral, escrita e mímica.

Ambiente no qual se promova a leitura, o estudo, o trabalho, a construção de conceitos, a produção de textos curtos, contos, conceitos, definições.

Ambiente onde haja uma dinâmica permanente de interação, de diálogo, de comparações, confrontos, de formulação de perguntas, de propostas insólitas e delineamento de problemas.

Ambiente onde haja busca de soluções, onde se permita o erro, o equívoco, onde haja a possibilidade de estar em desacordo não apenas com os temas, mas também com as posições e argumentos dos mestres e companheiros.

Ambiente onde se promova mais o desacordo e as diferenças que as concordâncias e a igualdade.

Um ambiente onde, para solucionar um problema, se peça a cada estudante uma alternativa diferente, uma resposta diversa, onde se peça a cada estudante que compare sua resposta com as de todos os seus companheiros, para que seja diferente de todas e de cada uma, mesmo que se trate de algo tão simples quanto o resultado de 2+2.

Quando jovem, conheci professores que ficavam felizes em "esnobar" os alunos, tinham prazer em demonstrar a eles que não sabiam nada; sua aula começava com frases como: "Não vão achando, caros alunos, que vão extrair a matéria de mim tão facilmente". Mas a estratégia de demonstrar ao aluno que ele não sabe e assustá-lo com ameaças já perdeu toda a vigência no mundo e não se podem admitir professores tão rígidos que, em vez de facilitadores, sejam um obstáculo à aprendizagem. Já há um novo papel para o mestre.

O novo papel do mestre é criar ambientes de aprendizagem; ambientes que sejam convertidos em lugares de provocação, de degustação do saber, lugares onde o aluno perceba que é possível aprender, que se podem obter realizações. Lugares que sejam fortalecidos pela amabilidade, respeito e ternura; lugares realmente humanos que justifiquem a presença, não de uma máquina, mas de um ser humano que se aproxima do conhecimento, que faz uma mediação alegre e festiva entre o aluno e o saber a que está convidado.

Neste sentido, em ética trata-se de mobilizar o *ethos*, em todas as aulas e matérias; e para que a aprendizagem dos valores seja efetiva, é necessário criar um ambiente geral de valores em todos os recantos da instituição educativa e cada mestre deve gerar um ambiente de valores em sua aula. O afeto é aprendido em um ambiente de afeto, a responsabilidade é aprendida no meio de pessoas responsáveis etc. Toda a escola deve converter-se em um cenário axiológico.

Não basta ter um documento que explique conceitualmente, por exemplo, o respeito; é indispensável que esse texto seja estudado, analisado e aprofundado em um ambiente de respeito e que todas as disciplinas, todos os eventos e todos os atores da comunidade educativa pratiquem esse valor; isto não é responsabilidade somente do professor de ética, é compromisso de todos.

Além disso, a melhor maneira de verificar se os valores estão sendo aprendidos é observando o comportamento dos alunos. São as mudanças de conduta que dizem se eles aprenderam ou não. Mas estas mudanças não podem ser passageiras, enquanto observadas; devem ser internas e permanentes no que aprende.

"No dia em que me pedirem para me comportar como uma máquina, a partir desse dia não contem comigo." (Don Parker)

Recursos didáticos não convencionais

Para contribuir com a criação de ambientes de aprendizagem, permito-me partilhar com os mestres e mestras da Colômbia e da América Latina os seguintes recursos não convencionais, na esperança de que sejam assumidos sem prevenções, com espírito inovador, para que sirvam de guia, de ponto de apoio ou ponto de partida com o fim de facilitar o ensino e a aprendizagem da ética, dos valores e de outras áreas do saber humanístico.

Os recursos que aqui aparecem não são convencionais, o que significa que é necessário que sejam planejados ou elaborados, ao serem executados ou utilizados, segundo os eixos e os temas; tudo depende dos referentes ou padrões que se pretendem alcançar no ato educativo, à luz das competências que se querem fortalecer. Não se trata de exercícios, nem de utensílios, porque, cada vez que forem necessários, terão de ser elaborados, e o resultado dependerá dos que vivem o processo. Pelo simples fato de serem elaborados pelos próprios alunos, levam à vivência e servem para que haja uma aproximação à temática e um aprofundamento dos conteúdos; além disso, são apoio para a aprendizagem, a memorização e a compreensão. Isto é, não apenas fazem da aula um espaço verdadeiramente acadêmico, mas convertem-se em estratégias para a aprendizagem com sentido, no pessoal e no coletivo.

As provas de validade realizadas para estes recursos e estratégias permitiram constatar que não funcionam sempre da mesma maneira. Com um grupo, dão certos resultados; com outro grupo, dão resultados distintos. Permitem que no caminho surjam mudanças e, às vezes, as coisas não saem como o planejado. Comprovou-se, até, que cada estudante os aproveita de maneira singular para poder aprender à sua maneira.

São partilhados porque serviram, e muito; mas resta à iniciativa e criatividade de cada docente diversificá-los, modificá-los, otimizá-los, fazê-los próprios e ressignificá-los, até mesmo gerando outros completamente novos, mas sempre úteis e produtivos.

Todos estes recursos contribuem para o encontro, criam espaços de intercomunicação; por meio deles se propicia o diálogo para o intercâmbio de idéias, anima-se a expressão de sentimentos e concepções particulares para pô-las à prova diante das dos demais; criam-se momentos para a orquestração e construção de conhecimentos; gera-se discussão, delineiam-se problemas, surgem idéias, soluções, aviva-se a CRIATIVIDADE.

É muito importante levar em conta que estes recursos devem ser cuidadosamente selecionados considerando-se o contributo real que possam dar à compreensão, à vivência dos valores, à mobilidade do *ethos* e, claro, ao desenvolvimento humano dos participantes. Muito cuidado, caros mestres, para não virem a se converter em prisioneiros da forma.

"As configurações didáticas", afirma Edith Litwin, "são a maneira particular que o docente emprega para favorecer os processos de construção do conhecimento".

RECURSOS DIDÁTICOS NÃO CONVENCIONAIS		
1. Bingo	12. O cristal com que se olha	23. Pictograma
2. Bosque encantado	13. O passado no presente	24. *Portfolios*
3. Carrossel com porta	14. Escala de avaliação	25. Processo do incidente
4. Cartaz humano	15. Fichas múltiplas	26. Projeto de visão futura
5. Clínica do rumor	16. Fichas pares	27. Grelha
6. Debate	17. Focos e turnos	28. Quebra-cabeças humano
7. Pequenos círculos	18. Galeria	29. Salto em uníssono
8. Cubo mágico	19. Luvas em ação	30. Serviço de estado-maior
9. Dado didático	20. Libreto	31. Supermercado Betucar
10. De binômio a plenário	21. Montagem com historietas	32. Tehibique
11. Dominó	22. Monumento	33. Toque mágico
		34. Túnel

Todos os recursos didáticos ficam sob a iniciativa e capacidade de adaptação dos docentes; nas provas de validade que se aplicaram, descobriu-se que mesmo quando todos favorecem o desenvolvimento de variadas estratégias e propiciam ambientes de aprendizagem com diferentes conotações, não obstante determinados recursos mostraram ênfase.

VIRTUDES GERAIS DESTES RECURSOS

1. Estão voltados para a aprendizagem com sentido e compreensão.
2. Promovem a aprendizagem explícita e implícita.
3. Geram um ambiente de harmonia.
4. São adaptáveis aos diferentes temas de ética e valores, de acordo com os graus.
5. Propiciam a prática de um número importante de valores humanos.
6. Contribuem para a realização dos objetivos propostos para a educação no século XXI (ver Anexo 1).
7. Apontam para o desenvolvimento das competências básicas (ver Anexo 2).
8. Sua dinâmica os converte em verdadeiras estratégias de aprendizagem.
9. Incluem os princípios que regulam a aprendizagem:

   ❖ diversidade e integralidade;
   ❖ ritmo e gradualidade;
   ❖ ludismo e esforço;
   ❖ participação e organização;
   ❖ autonomia e cooperação;
   ❖ respeito e afeto.

"Cada qual tem em sua alma a faculdade de aprender e o instrumento destinado a esse uso [...] a educação é a arte de dirigir este instrumento e encontrar para isso o método mais fácil e eficaz." (Platão, apud José Francisco Murillo, *Revista Magisterio* n. 003/03)

5.3.1. Recursos didáticos não convencionais com ênfase em produção

"A melhor maneira de a escola reconhecer que a criança tem certos saberes anteriores à sua chegada à instituição educativa é permitindo-lhe expressá-los, dando-lhe as ferramentas para isso." (Adriana Jaramillo e Mariana Schmidt)

❖ Têm como estratégia principal a leitura-escrita e o desenho.

❖ Geram espaços de trabalho, estudo, discussão, confronto, concentração e, sobretudo, produção por parte dos alunos.

❖ Criam um clima de criatividade pessoal e coletiva em um ambiente eminentemente lúdico.

❖ Propiciam a vivência de valores como a colaboração, o apoio mútuo, o respeito pelas idéias, a sã tolerância, a autodisciplina e a responsabilidade.

❖ Favorecem as competências de interpretação, argumentação e exposição.

❖ Ao se colocar em comum as produções escritas, afirma o professor Bernardo Barragán Castrillón, desenvolvem-se aspectos tão importantes como:

- ❖ a capacidade de escuta;
- ❖ a atitude autocorretiva;
- ❖ a geração de um conhecimento comunitário;
- ❖ o aproveitamento da crítica alheia para o melhoramento do texto;
- ❖ a capacidade para indagar e argumentar;
- ❖ a abertura mental;
- ❖ a escrita criativa;
- ❖ a capacidade crítica e reflexiva.

As atividades e a informação que o ambiente de aprendizagem proporciona ao educando permitem a este assimilá-las como construção própria de acordo com seus conhecimentos e experiências prévias. O educando assimila, apropria-se do conhecimento e o transforma. "Todo o conhecimento se traduz em produto" (Jaramillo e Schmidt).

5.3.1.1. Cubo mágico

Este recurso didático é um apoio ameno e lúdico que permite apresentar o desenvolvimento de um determinado tema por meio de símbolos. É um recurso para expor, explicar ou sustentar um tema. Muito útil em lugares onde não se dispõe de recursos tecnológicos avançados, ou, se houver, para propiciar o trabalho coletivo, a discussão, o estudo e o desenvolvimento de habilidades pictóricas.

É muito útil quando se trata de um tema que se possa separar em seis partes, com o fim de que cada uma delas apareça em um dos lados do cubo.

Algumas instruções:

1. Cada estudante recebe um lado do cubo, ou o traz, conforme o que tiver sido solicitado antecipadamente. Este lado contém em seu interior o nome do tema que o participante deve trabalhar.

2. Cada estudante deve buscar os outros cinco companheiros para completar as seis partes do tema.

3. Em equipe, devem estudar o tema atribuído e decidir de que maneira vão representá-lo.

4. Depois passam a armar o cubo unindo as partes.

5. Ao armarem o cubo, suspendem-no engenhosamente para apresentá-lo a todos. Como numa galeria.

6. Com a ajuda do dinamizador, passa-se a explicar o que se tem no cubo mágico.

Uma variação é que cada estudante, individualmente, desenvolva o tema atribuído ao seu respectivo lado e depois procure seus cinco companheiros para armar o cubo e decidir a forma de expô-lo.

É importante levar em conta que não é uma sessão de trabalho manual, mas uma sessão de estudo, de consulta, de discussão. O cubo é um recurso visual que anima a participação e o desenvolvimento do tema com impacto visual para todos os participantes, e seu valor pedagógico está no conteúdo e no sustento teórico que o acompanham.

Cada lado deve ter suas respectivas abas que permitam armá-lo com mais facilidade.

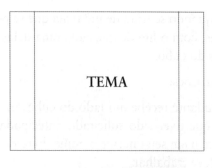

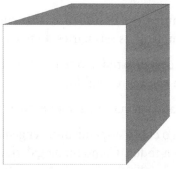

Ver este recurso (Cubo Mágico) desenvolvido dentro de uma oficina em *A ética, arte de viver:* a alegria de ser um cidadão do universo. São Paulo, Paulinas, 2000. v. 4.

5.3.1.2. Dado didático

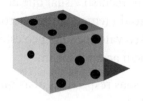

O dado, utilizado nas reuniões sociais em diversos jogos, converteu-se em um recurso chamativo, de ordem didática, para provocar o estudo em cenários pedagógicos. Neste caso, propõe-se utilizá-lo para que indique tema, subtema e recursos em um tabuleiro preparado para uma sessão de aprendizagem por meio da produção.

* A primeira coisa a fazer é preparar um tabuleiro como o seguinte:

	⚀	⚁	⚂	⚃	⚄	⚅
⚀	singularidade	abertura	transcendência	autonomia	amor	liberdade
⚁	criatividade	plenitude	responsabilidade	respeito	ética	estudo
⚂	valor	liderança	tolerância	gratidão	humildade	pudor
⚃	honestidade	serviço	perdão	amizade	trabalho	ecologia
⚄	verdade	alegria	segurança	bondade	estética	vida
⚅	sacrifício	vontade	fidelidade	altruísmo	domínio de si mesmo	direitos humanos

* Em cada casa escreve-se um tema.
* Os participantes organizam-se em subgrupos.
* Um representante de cada subgrupo lança o dado pela primeira vez para selecionar a coluna do tabuleiro.
* Lança-se uma segunda vez para selecionar a fila. O ponto onde a coluna e a fila se cruzarem determina o tema a ser trabalhado.

* Em seguida, lança-se o dado pela terceira vez para precisar o que se deve abordar do tema determinado:
    - Conceito e diferentes enfoques teóricos do termo.
    - Causas pelas quais tem determinadas características.
    - Formas de expressão na prática, com referências históricas.
    - Imaginar as condições de uma sociedade na qual este tema desaparece por completo.
    - Imaginar as características de uma comunidade na qual se pratica a totalidade deste tema.
    - Precisar e justificar os valores que interagem com este termo.

* E, finalmente, lança-se o dado para selecionar o recurso que vai servir de meio para a produção.
    - Uma crônica jornalística
    - Um conto
    - Uma entrevista
    - Conjunto de estrofes
    - Um mapa conceitual
    - Um quadro sinóptico

Quando os subgrupos tiverem seu tema e seu recurso selecionados, dá-se um tempo moderado para a elaboração da produção. Depois, abre-se espaço para a apresentação do trabalho, sua análise e avaliação.

5.3.1.3. De binômio a plenário

Esta técnica tem como propósito principal a construção de conhecimento, a elaboração de um conceito, a produção coletiva de uma determinada resposta ou a solução solicitada para um problema.

Para desenvolver esta técnica, são necessárias fichas que permitam organizar os participantes, primeiro em pares, depois em subgrupos de 4, depois em subgrupos de 8, mais adiante em subgrupos de 16 e, para culminar, no final, em um plenário.

À medida que os subgrupos vão aumentando, vai-se melhorando a produção.

A ficha deve ter pelo menos quatro caracteres, assim:

1	A	☆	☺
1	A	☆	☺
2	A	☆	☺
2	A	☆	☺

Passos para o desenvolvimento:

1. Produção pessoal.

2. Em pares, elaborar uma produção única, com base nas individuais.

3. Em quartetos, elaborar uma produção única, com base na de cada par.

4. Em octetos, elaborar uma produção única, com base na de cada um dos quartetos.

5. Um subgrupo com 16 participantes elabora uma produção única, com base nas de cada octeto.

6. Os 16 participantes levam sua proposta a um plenário, no qual se afinam os detalhes, se aperfeiçoa uma única produção baseada nas duas apresentadas.

Assim, consegue-se obter um produto conceitual elaborado por todo o grupo.

É importante dispor de livros que se refiram ao tema em questão, a fim de facilitar a consulta e a sustentação com apoio em teóricos reconhecidos e clássicos que tenham tratado do assunto.

Se o que se deseja, no entanto, é que os alunos demonstrem que estudaram, que leram e que sabem, os livros de consulta são ocultados.

Ver esta técnica de trabalho em grupo (De binômio a plenário) desenvolvida dentro de uma oficina em: *A ética, arte de viver*: a alegria de ser uma pessoa com dignidade. São Paulo, Paulinas, 1999. v. 1.

5.3.1.4. Montagem com historinhas

Não há dúvida de que a historinha é um recurso chamativo, agradável para todas as pessoas. Comprovou-se que as crianças gostam de desenhar e reclamam que não o permitam nas aulas. Esta é uma opção dentro dos recursos didáticos que se pode localizar no tabuleiro do "Dado didático".

O mais recomendável é que as historinhas sejam desenhadas pelos alunos.

Eis alguns esquemas que podem ser apresentados para que com eles sejam elaboradas historinhas simples.

É muito importante pedir profundidade e seriedade no tema; não se trata de desenhar por desenhar e fazer historinhas para passar o tempo.

O conteúdo das historinhas deve estar apoiado em temas estudados com base em documentos, livros ou exposições.

Vejamos alguns exemplos de historinhas:

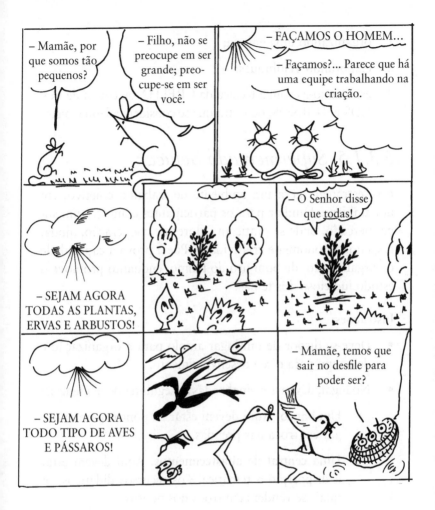

Terminado o trabalho das historinhas, há que engendrar uma forma de apresentá-las, analisá-las e utilizá-las como apoio para aprofundar, estudar, enfatizar, compreender e afiançar os temas.

Uma das formas de utilizá-las pode ser:

1. organizando uma galeria;
2. elaborando Tehibiques;
3. estudando-as com a técnica da GRELHA ou com a de FOCOS E TURNOS, ou outra que se considere adequada etc.

5.3.1.5. Supermercado Betucar

Esta estratégia gera um ambiente de trabalho coletivo, em um ambiente familiar para os participantes como o é um supermercado, onde se praticam valores de cooperação, ajuda, respeito, autonomia e criatividade. Põe à prova a capacidade de organização, de bom uso do tempo, enquanto promove o estudo judicioso dos temas.

Instruções:

- Deve-se dispor de um lugar amplo para a organização e de tempo para o seu desenvolvimento.

- No lugar, devem ser sinalizadas as seguintes dependências:

    * **Um banco.** Aqui devem estar os pontos para entregar em troca das prendas.

    * **Uma central de abastecimentos.** Aqui devem estar à disposição a temática e os recursos didáticos, os quais se vendem em troca dos pontos.

    * **Uma caixa de compensação ou subsídio.**

    * **Um lugar para o supermercado:** É neste lugar que se faz a apresentação dos trabalhos ou produções coletivas.

- Em cada dependência deve haver um participante, desempenhando as funções correspondentes. Deve-se prever o material necessário.

- Depois organizam-se subgrupos de 5, 6 ou 7 participantes.
- Cada subgrupo deve proceder da seguinte maneira:
    - ❖ nomear coordenador, tesoureiro e secretário.
    - ❖ averiguar no "Supermercado Betucar" quais são os produtos que têm procura no mercado, o que se vende (isto é, os temas a serem trabalhados para que sejam válidos).
    - ❖ o tesoureiro e o secretário devem averiguar na "Central de matéria-prima" o preço dos insumos para processar os produtos. O secretário deve tomar nota.
    - ❖ devem consultar no "Banco" o que pode ser empenhado para obter os pontos necessários para comprar os insumos.
    - ❖ verificar entre os integrantes do grupo de que dispõem para empenhar no banco.
    - ❖ dispor os elementos necessários para adquirir os pontos no Banco.
    - ❖ adquiridos os pontos, compra-se a matéria-prima na "Central de Abastecimentos": Título do tema, folha com resumo do tema e cartão com o nome do recurso. Os materiais são colocados pelo subgrupo.
    - ❖ pode-se consultar a Caixa de Compensação, para ver em que pode colaborar, sobretudo se faltarem pontos. Pode, também, haver livros ou obras dos personagens ou temas, que podem facilitar na qualidade de empréstimo.
    - ❖ em seguida, processa-se a matéria-prima, isto é, preparam-se os trabalhos, tendo em conta o tempo atribuído.

- ❖ quando o dinamizador indicar, leva-se o PRODUTO elaborado ao "Supermercado Betucar" para apresentar o trabalho e receber o pagamento merecido.

- ❖ obtido o pagamento do produto, retiram-se os utensílios empenhados no Banco, o qual cobra com juros.

- ❖ o subgrupo faz as contas, verifica seus ganhos e passa o dado ao dinamizador.

- A Caixa de Compensação está disponível para dar pontos de subsídio para cada 100 que o subgrupo tiver obtido no Banco.

- O Banco funciona na compra e venda de objetos pertencentes unicamente aos membros do subgrupo; nada pode ser conseguido fora.

- Quando os subgrupos tiverem preparado os trabalhos, deve-se atribuir um júri para qualificá-los e atribuir os pontos que o dinamizador lhes dará como pagamento.

- O júri deve regulamentar a compra dos trabalhos, fixando padrões de qualidade. Por exemplo:

  - ❖ qualidade da produção;
  - ❖ que o trabalho seja exposto diante de todos, em voz alta;
  - ❖ que haja a maior participação de membros do subgrupo;
  - ❖ que o trabalho se centre exclusivamente no tema;
  - ❖ que haja rigor no conteúdo, em sua sustentação, em sua argumentação;
  - ❖ que a estratégia tenha sido utilizada de maneira adequada.

- Ao terminar todas as apresentações, o júri faz suas apreciações, releva o pertinente em cada trabalho, compra o trabalho com um número determinado de pontos e justifica-os.

- O subgrupo procede a comprar de novo seus artigos no Banco. Se o trabalho tiver superado as expectativas, devem sobrar-lhe pontos.

- Depois faz-se um PLENÁRIO para avaliar todo o trabalho, levando-se em conta a regulamentação.

> Ver esta técnica de trabalho em grupo (Supermercado Betucar) desenvolvida dentro de uma oficina em: *A ética, arte de viver*: a alegria de viver a plenitude. São Paulo, Paulinas, 2003. v. 6.

5.3.1.6. Tehibique

Este é um recurso didático que em si mesmo constitui toda uma oficina muito variada, porque reúne:

* uma historinha;
* um texto;
* uma bibliografia;
* um questionário;
* um plenário, os quais podem assumir qualquer ordem.

Portanto, privilegia a leitura, a escrita, o estudo, a discussão, a consulta, a busca de respostas, incentivando processos mentais de compreensão e garantia do tema.

Técnica: TEHIBIQUE

Tema: Influência da TV nas crianças

UM

HISTORINHA: Estudo da historinha, aprofundamento, análise crítica, relação com fatos reais do ambiente no qual se vive.

Historinha

[...] Um dia levaram Carolina ao cinema para assistir a um longa-metragem em cores, talvez *A gata borralheira*, ou *A bela adormecida*, não me lembro bem. Mas, antes do filme, passaram outro, estranho, horroroso, intitulado *As atualidades*.

Fui arrasado de um só golpe.

Os monstros puseram seu pé sobre mim.

Carolina viu uns homens se matarem entre si, com armas terríveis, as casas desabarem entre as chamas e uns garotos magros em farrapos, estendendo suas mãos para receber um pedaço de pão. Diante de soldados com armas pesadas fugia uma menina que levava em seus braços um bebê que gritava.

O dia escorre como um ovo.

O vento murcho se desfia.

Como um deserto inexplorado.

O garoto empalidece terrivelmente.

Depressa levaram Carolina para sua casa e a deitaram em sua pequena cama com sua linda boneca. Mas nada se podia fazer pelo que ela havia visto, e nessa noite chorou muito tempo.

Tudo está destruído. Vejo com antecipação o desastre...

A partir daquele dia Carolina não foi mais a mesma.

Às escondidas, ela lia os jornais que contam as histórias tristes dos homens.

Sua mãe a via emagrecer e empalidecer e todo seu carinho era impotente para ocultar a Carolina o lodo das ruas, os muros sombrios, o mau aspecto e os buracos nas meias dos mais pobres de seus amigos...

[...] Fizeram vir o doutor, que examinou Carolina um longo tempo e declarou que ela não estava realmente doente, que só precisava ser distraída.

Mas é muito difícil distrair uma menina que não se interessa por nada.

A todas as perguntas, ela respondia: "Eu não quero crescer, não quero crescer!".

Ninguém compreendia: normalmente as crianças sonham em se tornar grandes.

Ninguém compreendia que Carolina tinha medo desse mundo onde as crianças morrem de fome, de frio ou no fogo da guerra. Ela queria refugiar-se no jardim feliz de sua infância...

[...] Sua angustiada mãe a media a cada mês.

Mas nunca ultrapassava a marca na parede...

[...] Os meses passaram, as pessoas se acostumaram a ver Carolina permanecer pequena. A gente se acostuma depressa àquilo que acontece aos outros...

[...] A mãe de Carolina resignou-se a ter uma filha que não cresceria mais. Ela mesma estava satisfeita: quantas mães não desejariam conservar seus filhos sempre pequenos?...

Fragmentos de *A menina que não queria crescer*, conto de Paul Eluard, traduzido por María Cecília González e publicado na revista de domingo de *El Espectador*.

DOIS

TEXTO: Estudo do texto, análise crítica, relação com a historinha, transferência para a realidade dos participantes e seu ambiente.

Influência da televisão nas crianças

Fragmento de um ensaio elaborado por
Angelicamaría Cano Sterling

Elizabeth Hurlock afirma: "Todas as emoções, agradáveis e desagradáveis, fomentam a interação social. A partir dela, as crianças aprendem a modificar sua conduta a fim de conformar-se às normas e às expectativas sociais".[1]

---

[1] HURLOCK, Elizabeth. *Desarrollo del niño*. México, McGraw-Hill, 1982. p. 205.

De acordo com a categorização sobre os personagens, da televisão ou do cinema, que mais lhes chamam a atenção, encontra-se uma forte tendência a confiar neles como super-heróis, já que protegem outros do mal. Um exemplo são os Pokemon: "Leomon tem uma espada e um coelho que tem poderes excepcionais para defender. Dillimon também tem poderes de sobra. Você gostaria de ter esses poderes? Sim, claro, porque me defendo com meus poderes, ele tem uma espada e com ela parte o que quiser".[2] Aqui ressalta o desejo de autoproteção, de obter êxito e conseguir o que quiser a qualquer custo. "Ach é um garoto que está em Pokemon e vem de uma povoação chamada Paleta, e apanha pokemons e ajuda todos os que necessitam de ajuda".[3] Segundo esta colocação, aprecia-se uma inclinação por personagens que manifestam amizade e companheirismo em diferentes situações, nas quais se encontra o sentido da bondade, do apoio e da solidariedade.

As crianças tendem a identificar-se com certas atitudes manifestadas pelos personagens. Em conseqüência, adotam dos heróis traços que se apresentam como inevitáveis: a força, o engano ou a agressão, em suas múltiplas formas. Assim que, em seus diferentes programas, eles aprendem a ser amigos, a ser bons companheiros, às vezes rivais ou inimigos no momento de alcançar um objetivo; são conscientes do que está certo e do que está errado, podendo, assim, assumir algumas condutas próprias destes personagens.

As crianças de 7 e 8 anos têm grande capacidade imaginativa. Para elas a TV é divertida, seus programas e perso-

---

[2] Juan Camilo Ramirez, aluno da 2ª série.
[3] Felipe Pinto, aluno.

nagens manifestam sentimentos de carinho e ternura: "Eu gosto da Carinha de Anjo. Ela me ensina que devemos ser amáveis e não sermos tão brincalhões, porque podemos nos meter em confusão";[4] assim como outros encontram tristeza diante do que não lhes agrada e faz mal aos demais. Assim, "as emoções alcançam seu caráter qualitativo ao serem contextualizadas na realidade social que as produz".[5]

Conforme o contato que têm com os personagens pela televisão, desenvolvem diversos sentimentos,

> os sentimentos emocionais de contato: amor, amizade, camaradagem, solidariedade, são disposições sentimentais como todos os sentimentos de contato [...] os quais implicam uma relação, ainda que não sejam, necessariamente, relações entre iguais desde o princípio.[6]

Os sentimentos geralmente afetam o desenvolvimento da personalidade, a forma de atuar e ver o mundo. Assim como desenvolvem diversos sentimentos diante do que as rodeia, as crianças constroem um conceito sobre a televisão, atribuindo-lhe, de certa forma, um valor, pois em ocasiões é construtiva e ensina-os: "A TV é uma coisa que diverte as crianças e também nos ensina coisas; eu me interesso por todos os programas; o ruim é a violência. A violência nos noticiários ensina que não tenho que fazer o que eu quiser, mas que tenho que melhorar as coisas, as relações". Estas afirmações das crianças corroboram o fato de que a TV é companhia e diversão, permite-lhes elaborar a partir das recepções seu próprio sentido diante

---

[4] Daniela Ruiz, aluna da 2ª série.
[5] BRUNER, Jerome. *Realidad mental y mundos posibles*. España, Gedisa, 1998. p. 119.
[6] HELLER, Agnes. *Teoría de los sentimientos*. Fontamara, p. 131.

do que as rodeia; além disso, gera sensibilidade diante da dor, desejos de fazer o bem e respeito pelo outro.

Também influi de uma ou outra forma no desenvolvimento do autoconceito quando a criança se identifica com um personagem ou deseja ser como ele: "Madalena, a do Francisco, o matemático, é igualzinha a mim quando estava em San Luis, em pegar e em ser rebelde".[7] Neste caso ocorre uma transferência quando surge um personagem que, em certo momento, se comportou como a menina. Ela se vê refletida diante do televisor e reconhece seu próprio comportamento.

Destaca-se também, em contrapartida, que aqueles personagens e programas preferidos que dão às crianças elementos positivos, segundo elas, estão também contaminados por violência e agressividade, como alguns desenhos animados e outras séries da televisão nacional, como "Betty, a feia, e Francisco, o matemático"; mas também há programas educativos que alguns assistem e ali aprendem a elaborar habilidades, receitas, adquirem informações importantes sobre cultura, meio ambiente, bem como normas de bom comportamento, de bom trato para com os demais, valores e elementos que favorecem as relações com o outro e o meio ambiente.

Tendo em conta o descrito, trata-se de não considerar mais a televisão como um meio inofensivo de entretenimento, de controlar muito especificamente quanto tempo a criança lhe dedica e, sobretudo, adequar o que a criança vê ao seu nível de maturidade. A esse respeito, deve-se evitar usar o televisor como uma espécie de babá eletrônica.

---

[7] Zue Davanture, aluna da 2ª série.

A partir da área educacional da Psicologia é possível orientar pais e mestres a abrir espaços de discussão com seus filhos e alunos sobre os diferentes programas, a desenvolver um programa de conscientização, pelo qual as crianças se apercebam daquilo a que assistem, se lhes é útil para a sua formação e desenvolvimento saudável em todos os aspectos.

Propiciar a comunicação favorece o fortalecimento da aprendizagem. Pode-se estimular a criança a escrever ou desenhar o que mais a impressiona: trata-se de exteriorizar e racionalizar com ela tudo o que se passa por trás do televisor. No colégio podem-se preparar sociodramas ou jogos de papéis para representar diferentes acontecimentos apresentados na TV, compará-los com a realidade e extrair o positivo, desde logo refletindo a fundo sobre os aspectos negativos que não facilitam o crescimento pessoal. Pode-se gerar atividades pedagógicas sobre o tema, incluindo-o no planejamento para que seja objeto de estudo para as crianças; a mestra, com a assessoria e colaboração do profissional em Psicologia da instituição, poderá sistematizar os produtos, elaborar uma análise e entregar a informação aos pais.

TRÊS

BIBLIOGRAFIA: Consulta bibliográfica prévia ao trabalho de grupo ou durante essa sessão. É necessário documentar-se para poder debater, argumentar e relacionar.

Bruner, Jerome & Haste, Helen. *La elaboración del sentido, la construcción del mundo por el niño*. Barcelona, Paidós, 1990.

BRUNER, Jerome. *Realidad mental y mundos posibles*. Barcelona, Gedisa, 1998.

FUENZALIDA, Valerio. *La televisión pública en América Latina*. Santiago de Chile, Fondo de Cultura Económica, 2000.

GESELL, Arnold. *Emociones, actividades e intereses del niño de 5 a 16 años*. Buenos Aires, Paidós, 1967.

LEÓN, Carmen Pérez. Televisión, violencia y niños. Disponible em http://www.geocities.com/HotSprings/Villa/1333/tvviolen.htm.

HURLOCK, Elizabeth. *Desarrollo del niño*. México, McGraw-Hill, 1982.

PROGRAMA UNIVERSOS. Vídeo: "La televisión y el televidente". Asociación colombiana para el avance de la ciencia. Bogotá, Colômbia, 1997.

REY, Germán. Televisión y violencia. Relatório apresentado ao Ministro das Comunicações pela Comisión de Estudios sobre Televisión y Violencia. *La televisión y procesos de socialización*. Colciencias, Colômbia, 1988-1989.

QUATRO

QUESTIONÁRIO: Este pode ser resolvido individualmente ou em pequenos grupos, antes de ir a plenário.

✶ De que maneira a televisão e o cinema influenciam as crianças?

✶ Que dizem os escritores a esse respeito, segundo suas investigações e seus estudos?

✶ De que maneira se relacionam A HISTORINHA, A REALIDADE E O QUE OS AUTORES AFIRMAM?

* Quais são as conseqüências mais relevantes da influência da televisão e do cinema nas crianças?
* Têm a televisão e o cinema implicações na vida emocional da pessoa humana?
* Que princípios de ética estão envolvidos nesta problemática?
* Existe algum conflito ético? Qual?
* Que pessoas estão envolvidas na tomada de decisões para intervir nessa influência?
* Que passos podem ser seguidos para levar uma solução à problemática?

CINCO
PLENÁRIO

5.3.1.7. Toque mágico

Esta é uma técnica eminentemente de leitura-escrita, desenhada para organizar uma produção escrita pessoal com o contributo de outros companheiros.

Nesta técnica,

- promovem-se os valores de cooperação, apoio, ajuda, solidariedade, serviço e generosidade. "A cooperação é a convicção plena de que ninguém pode chegar à meta se não chegarem todos" (Virginia Burden);
- possibilita-se o desenho de padrões de:

* redação de texto;
* compreensão do tema;
* exploração e interpretação de idéias;
* ordenamento e associação de tema e conceitos.

Para trabalhar um tema com esta técnica precisa-se de pelo menos quatro participantes; se houver mais, é conveniente organizá-los em subgrupos de não mais de quatro.

Procedimento: entrega-se a cada um dos participantes uma folha dividida em quatro segmentos, dois pela frente e dois pelo avesso; assim, por exemplo:

Frente	Costas
Colocação Estudante um	Contributos do aluno três
Contributos do aluno dois	Contributos do aluno quatro

Cada participante, em seu primeiro segmento, tem uma colocação seja em forma de pergunta para responder ou de problema para resolver ou de tarefa para realizar. Neste espaço redige tudo o que considere que satisfaça a colocação formulada.

Depois passa a folha a seu companheiro um para que este complemente, dê idéias, sugestões, faça correções, sem tocar na redação original de seu companheiro.

Da mesma maneira, o aluno dois recebe sua folha, o mesmo o três e o quatro.

Frente	Costas
Colocação Estudante dois	Contributos do aluno quatro
Contributos do aluno três	Contributos do aluno um

O aluno um passa a folha ao dois, o dois ao três, o três ao quatro e o quatro ao um.

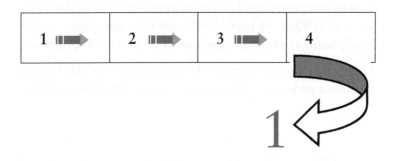

Ao mesmo tempo, quem passa a folha para ser complementada também recebe uma para complementar.

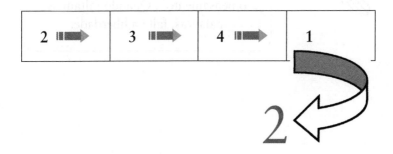

Depois de passar pelos três companheiros, a colocação voltará ao aluno original, que deverá reestruturar, melhorar e complementar sua resposta levando em conta os contributos de seus companheiros. É nesse momento que deverá dar à resposta o TOQUE MÁGICO para que fique completa, satisfazendo tanto as próprias expectativas quanto as do professor.

Em seguida, passa-se à avaliação do trabalho, conforme o propósito, os padrões e a competência que se esteja fortalecendo.

Quando uma pessoa não consegue se expressar, reprime-se, é suprimida, está sujeita a que lhe imprimam o sentido como a uma matéria branda, a que a comprimam e deprimam.

Neste sentido, F. Hegel assinala: "Quando faltam as palavras, falta o pensamento". Quando faltam as palavras, falta a liberdade.

5.3.2. Recursos didáticos com ênfase na solução de problemas

A resolução de problemas, como assinala M. N. Skatkin, contribui para o desenvolvimento, nos estudantes, não apenas do pensamento reprodutor, mas também do criador e independente.

- ❖ Têm como estratégia principal a resolução de problemas.
- ❖ Geram espaços de trabalho, estudo, discussão, confronto, concentração e, sobretudo, alternativas de solução a interrogações, problemas ou situações reais.
- ❖ Permitem a tomada de posições e a capacidade de argumentação.
- ❖ Contribuem para o desenvolvimento de um pensamento criativo e independente.
- ❖ Dão a conhecer os princípios e a solidez conceitual dos participantes.
- ❖ Contribuem para o surgimento de um ambiente de aprendizagem com caráter criativo.
- ❖ Propiciam a análise, a capacidade de seleção e hierarquização de alternativas.
- ❖ Geram busca, estudo de conceitos, abertura mental e análise crítica.

❖ Promovem valores tais como a participação, a cooperação, o respeito pelas idéias do outro, o diálogo e a escuta.

❖ Estimulam o pensamento reflexivo.

❖ Preparam para enfrentar problemas reais.

❖ Favorecem as competências propositiva e argumentativa.

A resolução de problemas deve exigir reflexão qualitativa. É preciso desterrar o operativismo mecânico. Não se trata de resolver problemas que já têm resposta, ou de resolver problemas com fórmulas preestabelecidas. A esse respeito, Albert Einstein deixou-nos a seguinte mensagem: "Nenhum cientista pensa com fórmulas; antes que o físico comece a calcular, deve ter em seu cérebro o curso dos raciocínios. Estes últimos, na maioria dos casos, podem ser expostos com palavras simples. Os cálculos e as fórmulas constituem o passo seguinte".

Deve-se apresentar problemas que não tenham fórmulas prévias, nem as requeiram; problemas reais que não tenham sido resolvidos, que exijam estudo qualitativo da situação, que levem à precisão real do problema e de suas condições. Problemas que, pela colocação de hipóteses, incentivem a imaginação, a criatividade, a recursividade para delinear estratégias de resolução evitando o ensaio e o erro, porque se trata de problemas com pessoas, problemas eminentemente humanos, éticos. Não se trata de simples exercícios. Trata-se de problemas das pessoas que estão participando do estudo, problemas da instituição ou do meio ambiente mais próximo, podendo ser cognitivos ou práticos.

Problemas cuja solução será apresentada às autoridades ou instituições relacionadas com ele e com sua solução.

5.3.2.1. Serviço de estado-maior

Trata-se de pôr um participante diante de um problema ou dilema para que o resolva; mas são-lhe atribuídos três assessores para que o ajudem com tarefas específicas.

Procedimento sugerido:

* os participantes devem ser organizados em quartetos;
* realiza-se um sorteio para determinar o LÍDER RESPONSÁVEL e os assessores;
* entrega-se ao líder o problema a ser resolvido;
* atribui-se a cada assessor o seu papel:
  * assessor um – procurar bibliografia.
  * assessor dois – propor alternativas ou hipóteses.
  * assessor três – dar idéias para a organização do trabalho e sua correspondente redação.

Variação: os três assessores colaboram nas três tarefas, de acordo com uma ordem estabelecida.

É importante ter em conta que:

* o problema ainda não tenha sido solucionado;
* se consiga boa documentação;
* a proposta de solução seja uma alternativa viável;
* a proposta seja enviada a quem corresponda solucionar o problema.

5.3.2.2. Processo do incidente

Esta atividade é semelhante ao "Serviço de estado-maior" no sentido de que um subgrupo trabalha sobre a solução do problema, mas seguindo um mecanismo diferente.

Eis o mecanismo:

❖ divide-se o grupo em subgrupos de quatro a seis;

❖ entrega-se o mesmo problema a cada subgrupo;

❖ pede-se a cada subgrupo que procure a solução adequada;

❖ uma vez que cada subgrupo tenha dado a respectiva solução, estas são recolhidas e redistribuídas para que cada grupo reveja a solução de outro subgrupo, a analise, comente, critique e lhe assinale suas conveniências e inconveniências;

❖ colocação geral para que cada subgrupo sustente seu trabalho, defenda-o perante as objeções, esclareça-o.

5.3.2.3. Pequenos círculos

Esta técnica de trabalho em subgrupos é usada para a tomada de decisões rápidas.

❖ Os participantes são organizados em pequenos círculos de 4 a 6 estudantes.

❖ São enumerados.

❖ Em seguida, o dinamizador chama o subgrupo um e apresenta-lhe uma pergunta ou problema para que encontre a resposta em um tempo curto determinado.

❖ Pode-se optar por uma dentre as várias estratégias: viva voz, redação escrita, apresentação de um diagrama com sua respectiva explicação etc.

❖ Um membro do subgrupo torna-se porta-voz de todos, ou o dinamizador adverte que qualquer um deve estar em condições de ser o relator; concluído o tempo, designa-se o aluno que falará por todos.

❖ O dinamizador faz a avaliação.

Variação: Perante cada proposta de solução abre-se um debate com os demais participantes.

5.3.2.4. Clínica do rumor

❖ O dinamizador apresenta um problema a ser solucionado, de acordo com o tema em questão.

❖ Seleciona elementos tais como documentos, livros, casos reais, revistas, equipes, máquinas, fotografias, desenhos etc.

❖ Os participantes são organizados em subgrupos.

❖ Entrega um ou dois elementos a cada um dos subgrupos.

❖ Não dá instruções. Deixa que comece o RUMOR, seja dentro dos subgrupos ou entre eles.

❖ Os alunos é que devem descobrir o que devem fazer e quem deve se organizar; é preciso deixá-los RUMOREJAR para que decidam o que fazer e como.

❖ Trata-se de permitir o RUMOR e não cair na tentação de insinuar como devem proceder.

- ❖ Além das virtudes enunciadas no início deste grupo de recursos, este em particular permite observar a capacidade de liderança dos participantes, a iniciativa e a criatividade.
- ❖ Os objetos ou elementos devem guardar relação com o problema, o tema e a solução.
- ❖ No final, cada subgrupo apresenta seu produto.

Vejamos um exemplo:

TEMA: A INTIMIDADE

PROBLEMA: "Perder a intimidade equivale a abrir a caixa-forte do nosso EU; a lançar no fundo do mar o lastro da nossa embarcação e ficar dançando à mercê das ondas, da superficialidade e da banalidade" (padre Alfonso Llano). Mas o ser humano necessita sobreviver; então, para salvar a vida, justifica-se a perda da intimidade; no fim das contas, nós, seres humanos, parecemo-nos no corpo e no que fazemos.

Que podem os grupos receber?

- ❖ Subgrupo um: Um texto sobre a intimidade. Um documento ou livro que fale do tema, que o desenvolva em profundidade. A obra do padre Llano, *Un alto en el camino*, trata deste tema e de muitos outros. Também se pode recorrer à Internet.
- ❖ Subgrupo dois: Análise de casos concretos que apareçam em revistas e jornais. O caso "Clinton e Mônica Lewinsky", por exemplo.
- ❖ Subgrupo três: Equipamentos ou fotografias desses dispositivos que servem para fazer espionagem: como câmaras de vídeo, câmaras fotográficas, microfones etc.

❖ Subgrupo quatro: Artigos de jornais que falem de notícias relacionadas com a violação da intimidade, por exemplo, o caso dos *reality shows*, em que os concorrentes autorizam a filmagem de sua vida íntima para conquistar um prêmio etc.

A técnica da CLÍNICA DO RUMOR pode ser utilizada para tratar temas em profundidade ou para resolver problemas rapidamente. Tudo depende do propósito e dos padrões que se queiram verificar.

Quando os subgrupos ou o grupo total de participantes entregar o resultado da sua atividade, é importante fazer dois tipos de avaliação:

A PRIMEIRA é relacionada com a metodologia. Para isso sugerem-se as seguintes perguntas:

- Nomearam um coordenador ou um monitor?
- Redigiram um propósito ou objetivo?
- Precisaram de um plano?
- Formularam perguntas?
- Como se organizaram? Por quê?

A SEGUNDA é relacionada com o tema:

- De que maneira entenderam o problema?
- Realmente em que consiste o problema?
- Identificaram o componente ético?
- O que tem a ver com a pessoa, com a dignidade humana?
- Acharam algum princípio ético envolvido? Qual?

- Pode cada pessoa humana fazer respeitar seus segredos profundos?
- Que alternativas de solução existem nos níveis pessoal e comunitário?

"Se o que vou fazer na aula pode ser feito por um gravador, que um gravador me substitua."
(Don Parker)

5.3.3. Recursos didáticos com ênfase na elaboração de sínteses

"Produz-se mais facilmente uma aprendizagem significativa quando os novos conceitos ou significados conceituais se englobam sob outros conceitos mais amplos, mais inclusivos." (Joseph Novak e D. B. Gowin)

❖ Têm como estratégia principal a leitura e a escrita.
❖ Geram espaços de trabalho e estudo.
❖ Incentivam os raciocínios dedutivo e indutivo.
❖ Criam um clima de criatividade pessoal.
❖ Estimulam a aprendizagem significativa ao provocar a elaboração de linguagens técnicas especiais.
❖ Propiciam a vivência de valores como a auto-estima, o autocontrole e a autodisciplina.
❖ Ao partilhar a produção, desenvolve-se a fluidez verbal e põem-se à prova as capacidades de compreensão, argumentação e apropriação de conhecimentos.
❖ Favorecem a competência interpretativa.

Os conteúdos podem ser representados por meio de desenhos, gráficos, fluxogramas, mapas conceituais, quadros sinóticos, diagramas, esboços, esquemas etc. O importante é que se façam relações significativas.

Afirmam Joseph D. Novak e D. B. Gowin, em *Mapas conceptuales para el aprendizaje significativo*: "O aspecto mais distintivo da aprendizagem humana é nossa notável capacidade de empregar símbolos orais ou escritos para representar as regularidades que percebemos nos acontecimentos e nos objetos que nos rodeiam".

Os sistemas de comunicação humana que permitem o reconhecimento de significados por meio de esquemas ou símbolos e regras de construção ou de operação mais ou menos complexas são o que Wittgenstein chama "jogos de linguagem".

Para aprender o significado de qualquer conhecimento é preciso dialogar, trocar, partilhar, cotejar e assumir compromissos de aplicação.

5.3.3.1. Pictograma

Este recurso também está classificado no grupo RECURSOS DIDÁTICOS COM ÊNFASE NA PRODUÇÃO.

Os pictogramas são um recurso que anima à leitura e ao estudo de um tema, excitam a inteligência, exigindo-lhe um processo mental (heurístico) importante para a compreensão.

Eis o pictograma a ser lido e interpretado:

Tema: SETE PRINCÍPIOS DA PEDAGOGIA TOMISTA

Redator: padre GuillermoVilla, da Comunidade de Padres Dominicanos

⇒	∨	Π	♣	*	#	
⇒	∞	□	⊕	⊆	Ω	Ψ
⇒	©	♥	♣	⇔	♣	•
⇒	β	®	א	+	◊	
⇒	⇐	Φ	♦	θ	♠	⇓
⇒	⊗	↵	Ξ	∇		
⇒	β	•	∅			

Indicadores de realização:

- Demonstrar habilidade para transferir, corretamente, os símbolos para termos.
- Conjugar os verbos.
- Utilizar apropriadamente conjunções, pronomes, artigos e outros termos de enlace.
- Redigir com sentido os sete princípios da pedagogia tomista para lê-los acertadamente.

- Expor esses princípios, demonstrando compreensão e relação com os processos de ensino-aprendizagem.
- Aplicar a fluidez verbal e a capacidade de interpretação.

Eis os símbolos para a interpretação do pictograma anterior e cumprimento dos indicadores de realização.

TERMO GUIA	SÍMBOLO	TERMO GUIA	SÍMBOLO
Ativa	•	Estimular	♦
Afirmar	□	Estudante	∇
Autonomia	⊕	Exigir	Σ
Auto-suficiência	Ψ	Heurística	▲
Capacidade	θ	Implicar	©
Compromisso	⊗	Lealdade	Ξ
Comunitária	∅	Não	Ω
Condição	Π	Pensamento	א
Contemplativa	⇔	Permanente	⏎
Contemporaneidade	®	Mas	∀
Convicções	◊	Pessoal	#
Discípulo	⇓	Razão	⊆
Ensinar	⇒	Realização	*
Enviar	⇐	Relativização	+
Escrever	∨	Sinais	Φ
Exigir	β	Supor	∞
Unir	♥	Vida	♣

Eis os princípios da pedagogia tomista, os quais devem permanecer ocultos até o final, quando serão confrontados com a leitura do pictograma para corrigir, ampliar e complementar.

1. Ensinar e escrever não são apenas uma condição na vida de um mestre, mas componentes importantes da realização pessoal.

2. A autonomia da razão é afirmada por meio do ensino, no bom sentido da expressão, mesmo que indique necessariamente auto-suficiência.

3. Ensinar implica ligação da vida contemplativa com a prática.

4. Ensinar exige contemporaneidade de pensamento e relativização de convicções.

5. Ensinar implica um ambiente de aprendizagem que permita enviar sinais estimulantes da capacidade heurística do discípulo.

6. Compromisso permanente e lealdade com o aluno.

7. O ensino exige atividade comunitária.

Como se pode deduzir, este recurso é um bom auxílio na apresentação de temas aos alunos por parte dos mestres; não obstante, devido à importância que tem pelo que incide na compreensão dos temas, é muito importante que os alunos os elaborem como produção pessoal ou coletiva e depois os exponham diante do grupo em geral. Este voltar sobre eles garante os conteúdos e permite ver elementos que não foram vistos na elaboração.

5.3.3.2. A grelha

É uma técnica muito recomendável para que os participantes estudem um tema, elaborem sua síntese por meio de um mapa conceitual, um fluxograma, um esquema ou qualquer outro diagrama, e depois expliquem a seus companheiros, por meio desse produto, o tema estudado.

Requisitos:

* organizar o tema de estudo em vários documentos;
* distribuir os alunos em subgrupos.

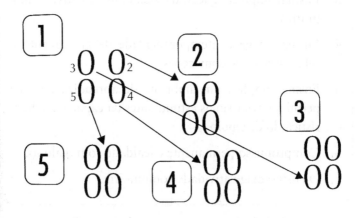

O subgrupo um estuda o documento 1; o subgrupo dois, o documento 2, e assim sucessivamente.

Quando estiverem todos prontos, os membros do subgrupo um deslocam-se e explicam o documento a seus companheiros. Para melhor organização, enumera-se cada membro do subgrupo com os números dos demais subgrupos; assim, o aluno dois vai ao subgrupo dois, o três vai ao subgrupo três etc.

Após a explicação, regressam a seu grupo original e o subgrupo dois desloca-se. Terminado seu trabalho, regressam à sua base e desloca-se o subgrupo três.

Ao concluir o processo, todos os alunos terão estudado o documento em sua totalidade e pode-se fazer um plenário para ratificar o aprendido, dar ênfase em alguns pontos e esclarecer dúvidas.

5.3.3.3. Cartaz humano

É um recurso participativo por meio do qual os alunos vivem um processo de estudo lúdico, muito criativo.

- ❖ Trata-se de dar um tema de estudo a um subgrupo para que o sintetize em frases curtas, termos ou símbolos.

- ❖ Estes termos ou símbolos localizam-se no corpo de um dos companheiros que desempenhará o papel de CARTAZ HUMANO.

- ❖ É conveniente que os símbolos se localizem em partes do corpo que guardem alguma relação com o que enunciam.

É necessário acertar na seleção do tema. Não pode ser qualquer um. Este é um recurso muito exclusivo.

Uma vez realizado o cartaz humano, deve-se fazer a sustentação pertinente.

Os temas mais apropriados a este recurso são os relacionados com a ética e os valores, como é o caso dos PRINCÍPIOS ÉTICOS:

- ❖ Autonomia
- ❖ Beneficência
- ❖ Justiça
- ❖ Verdade
- ❖ Liberdade

Ver conteúdo destes princípios na oficina 4.1 Mobilização do *ethos* para o desenvolvimento humano, na p. 130.

> Ver este recurso (Cartaz Humano) desenvolvido dentro de uma oficina em: *A ética, arte de viver*: a alegria de ser uma pessoa com dignidade. São Paulo, Paulinas, 1998. v. 1. Oficina 1.3
> Revisto-me de valores.

5.3.3.4. Túnel didático

Este é um recurso apropriado para estudar um tema a fundo. Promove as competências interpretativa, propositiva e argumentativa, com ênfase na propositiva.

Se uma saída não funciona, procure outra. Engendre estratégias para procurar por onde sair. Pergunte-se:

- Como soluciono isto?
- Como nos pomos de acordo?
- Que alternativas posso propor?
- Que novo problema surge desta situação?
- Como posso relacionar as variáveis?

Passos a seguir:

PRIMEIRO:

- Atribui-se um tema de estudo com antecipação.
- Para utilizar este auxílio requer-se que o tema tenha uma seqüência ou ordem cronológica. Não pode ser qualquer tema.

- ❖ O professor prepara tantas perguntas sobre o tema quanto o número de participantes, tendo o cuidado de preparar uma pergunta que exija a apresentação do tema.
- ❖ No momento da sessão, cada estudante recebe uma pergunta.
- ❖ Cada estudante dedica-se a responder a sua pergunta.

SEGUNDO:

- ❖ Os participantes são organizados em duas filas, cada um olhando para seu companheiro da frente, formando um túnel. Podem se sentar.
- ❖ A primeira coisa que eles têm que fazer é ler as respostas para descobrir o companheiro que os guiará para fora do túnel. Este companheiro é o que tem a apresentação do tema e daí em diante será A TOCHA.
- ❖ O homem TOCHA posiciona-se à frente do túnel e assume a coordenação.
- ❖ A tarefa consiste em ler várias vezes as respostas para que sejam posicionadas dentro do túnel em ordem lógica, seqüencial ou cronológica, segundo a exigência colocada pelo professor.
- ❖ As respostas podem ir sendo melhoradas com a ajuda de todos.
- ❖ É importante recordar que se está estudando.
- ❖ O homem TOCHA, com a colaboração de todos, vai posicionando os companheiros dentro do túnel, procurando ordenar o texto.
- ❖ Quando acharem que o conseguiram, pedem ao dinamizador que supervisione o trabalho e lhes vá dando a aprovação ou não.

TERCEIRO:

- ❖ O dinamizador começa por verificar se acertaram no homem TOCHA.

- ❖ Em seguida, o homem TOCHA vai dirigindo seus companheiros para que vão lendo seu texto e saindo do túnel se o dinamizador autorizar.

- ❖ Se houver algum erro, pode-se dar outra oportunidade para que retifiquem, limitando-lhes o tempo.

- ❖ O exercício termina quando todos tiverem saído do túnel porque ordenaram o texto ou porque o tempo atribuído chegou ao fim.

QUARTO:

- ❖ Plenário para avaliar as falhas e os acertos.
- ❖ Revisão do conteúdo.
- ❖ Retomar as perguntas com suas respostas, para esclarecer as dúvidas e reordenar se for necessário.
- ❖ Verificar, sustentando, as realizações obtidas e os padrões cumpridos.

5.3.3.5. *Fichas pares*

- ❖ Este recurso didático permite fazer um exercício de emparelhamento, já não sobre o papel, mas com as pessoas pensando, interagindo, dialogando, ajudando-se, estudando, em um ambiente de participação, comunicação, atenção, associação e compreensão.

❖ Deve-se preparar tantas fichas quanto o número de participantes.

❖ Cada ficha divide-se em duas partes: na primeira vai um termo e na segunda vai o significado de outro diferente.

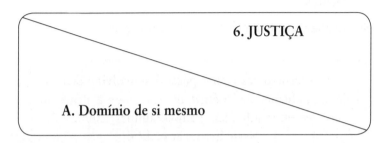

6. JUSTIÇA

A. Domínio de si mesmo

❖ Os participantes organizam-se em círculo, ninguém se voltando as costas.

❖ Cada participante lê o conceito que a ficha tem e o número correspondente.

❖ Todos devem estar atentos para identificar o companheiro que tem o conceito do seu termo.

❖ Em seguida, dá-se outro giro no qual cada um vai pedindo a letra que lhe corresponde para passar a ler o valor e o conceito; se coincidirem, felicita-se o par; se não coincidirem deverão esperar outra volta.

❖ O exercício termina quando todos tiverem encontrado seu par de modo que o termo e seu conceito correspondam.

❖ Ao concluir a descoberta dos conceitos e termos correspondentes, abre-se um diálogo para aprofundar os conceitos e contextualizá-los de acordo com as possíveis diferenças culturais dos participantes, e também para ampliá-los e encontrar outros significados e dimensões.

❖ Também se pode optar pela realização de um trabalho entre os pares de estudantes, para uma posterior sustentação.

❖ Finalmente, expressar conclusões, mensagens e ensinamentos.

❖ Avaliar o trabalho feito e suas realizações.

> Ver o recurso das Fichas pares desenvolvido dentro de uma oficina, em: *A ética, arte de viver*: a alegria de crescer em família. São Paulo, Paulinas, 2000. v. 3. Neste livro, ver p. 125.

5.3.3.6. Dominó

Este jogo didático converteu-se em um recurso rico em conteúdo que se presta muito para trabalhar com símbolos, fluxogramas ou esquemas. Neste sentido, é importante recordar que uma das características mais peculiares do ser humano é a de representar com símbolos os acontecimentos, os objetos, os conhecimentos.

Passos para realizá-lo:

❖ seleção do tema;

❖ redação de perguntas com suas respectivas respostas;

❖ elaboração de tantas fichas quanto o número de perguntas, em papelão, estilo dominó social:

Aqui vai a resposta da última pergunta.	Aqui vai a pergunta 1.
Aqui vai a resposta da pergunta 1.	Aqui vai a pergunta 2.

- ❖ É um recurso que inicialmente pode ser elaborado pelo professor para que os alunos estudem à medida que o vão armando.
- ❖ Posteriormente, pode-se atribuir como atividade individual ou coletiva.
- ❖ Se forem elaborados vários dominós, poderão ser distribuídos em diferentes grupos.

Variação um: Elaborar um dominó gigante para ser armado no chão, entre todos os participantes. Para isso, atribui-se uma ficha a cada estudante.

Variação dois: Redigem-se perguntas para serem respondidas com símbolos.

Variação três: Distribui-se nas fichas um fluxograma etc.

"As crianças inteligentes que têm curiosidade são um recurso nacional e mundial. Devem ser cuidadas, mimadas e animadas. Mas o mero ânimo não basta. Deve-se dar a elas, também, as ferramentas essenciais para pensar."
(Carl Sagan, *O mundo assombrado pelos demônios*)

5.3.4. Recursos didáticos com ênfase na argumentação

"A atividade escolar deve ter como centro a criação de espaços de trabalho com o objetivo de que o estudante amadureça na construção de seu próprio pensamento..." (Carlos Medina Caballero, *La enseñanza problémica*)

- ❖ Têm como estratégia principal a expressão oral.
- ❖ Geram espaços de trabalho, estudo, discussão, confronto, concentração e capacidade de argumentação.
- ❖ Criam um clima de criatividade pessoal e coletiva em um ambiente eminentemente lúdico.
- ❖ Propiciam a vivência de valores como a colaboração, o apoio mútuo, o respeito pelas idéias, a sã tolerância, a autodisciplina e a responsabilidade.
- ❖ Contribuem para o desenvolvimento da competência argumentativa.
- ❖ No debate são praticados:
    - a capacidade de escuta;
    - a geração de conhecimento comunitário;
    - o aproveitamento da crítica alheia para a melhoria do discurso;
    - a capacidade para indagar e argumentar;

- a abertura mental;
- a escrita criativa;
- a capacidade crítica e reflexiva;
- a capacidade para ceder à razão quando houver posições opostas com argumentos suficientes;
- a capacidade de fazer transferências.

Com respeito à argumentação, José Iván Bedoya, em *Epistemología y didáctica* (1998), afirma:

> Hoje é possível assumir os mais diversos temas como assunto de discussão sem pedir permissão aos respectivos especialistas. Podemos sondar o que se pensou, o que já se tem como preconceitos ou intuições, "nada é espontâneo, nada está dado, tudo se constrói." (G. Bachelard)

5.3.4.1. O cristal com que se olha

Esta técnica de trabalho em grupo baseia-se no intercâmbio de idéias, posições e argumentos, os quais são colocados a partir de uma determinada posição que procura desvirtuar as demais. Ou seja, cada um dos membros do grupo central defende sua posição segundo o ponto de vista onde se posicione, isto é, *o cristal com que se olha*. É por isso que um tema é tratado a partir de seis posições ou subtemas diferentes.

Os participantes devem conhecer com antecipação o tema a fim de que se preparem muito bem. Esta técnica exige muito estudo do tema.

Instruções básicas:

* Distribuir os participantes em dois grupos, um central de seis membros e o outro periférico.

* O grupo central organiza-se em forma de um pequeno círculo e é rodeado pelo grupo periférico a uma distância prudente.

* O dinamizador entrega a cada um dos membros do grupo central um cartão com instruções particulares, a fim de que tome uma determinada posição diante do problema, que é o mesmo para todos, e a partir dela demonstre que conhece o tema e sabe argumentar.

* O cartão que cada participante recebe só é conhecido por ele; portanto, os demais companheiros não conhecem seu conteúdo nem deverão conhecê-lo enquanto a discussão estiver sendo desenvolvida.

* Os membros do grupo periférico tomam notas; mas não podem intervir, devendo escutar com atenção.

* O grupo periférico intervém quando o central tiver concluído sua discussão e o dinamizador autorizar.

A todo o grupo coloca-se o mesmo problema, por exemplo:

O problema fundamental do ser humano é atingir a felicidade, mas como?

Eis um exemplo das instruções secretas para cada um dos participantes do grupo central.

Participante um: Você deve argumentar, apoiado em razões e dados comprováveis, que a FELICIDADE é atingida quando se conseguem os favorecedores básicos para evitar a extinção da espécie. O CRISTAL COM QUE VOCÊ OLHA são os favorecedores básicos. Encontre argumentos para desacreditar as posições dos demais.

Participante dois: Você deve argumentar, apoiado em razões e dados comprováveis, que a FELICIDADE é atingida quando se serve às pessoas, mesmo que se sofra frustrações, desenganos e tristezas. O CRISTAL COM QUE VOCÊ OLHA é o serviço como ideal humano. Encontre argumentos para desacreditar as posições dos demais.

Participante três: Você deve argumentar, apoiado em razões e dados comprováveis, que a FELICIDADE é alcançada quando se desfruta e usufrui a vida. O CRISTAL COM QUE VOCÊ OLHA é a vida social, a diversão e o prazer. Encontre argumentos para desacreditar as posições dos demais.

Participante quatro: Você deve argumentar, apoiado em razões e dados comprováveis, que a FELICIDADE é alcançada por meio do dinheiro. Sem ele a felicidade não é possível; o dinheiro compra tudo. O CRISTAL COM QUE VOCÊ OLHA dá ao dinheiro um novo valor. Encontre argumentos para desacreditar as posições dos demais.

Participante cinco: Você deve argumentar, apoiado em razões e dados comprováveis, que a FELICIDADE é alcançada quando se forma uma família com valores, que dê exemplo de amor e de união. O CRISTAL COM QUE VOCÊ OLHA coloca a família acima de tudo. Encontre argumentos para desacreditar as posições dos demais.

Participante seis: Você deve argumentar, apoiado em razões e dados comprováveis, que a FELICIDADE é alcançada quando se dá a vida por uma causa nobre: pela pátria, pela religião, pela libertação de um opressor. O CRISTAL COM QUE VOCÊ OLHA é uma causa nobre. Encontre argumentos para desacreditar as posições dos demais.

A intervenção do grupo periférico, no final, é antes de tudo, para duas coisas:

A PRIMEIRA: Emitir juízos de valor, por exemplo:

* Quem foi mais convincente e por quê?
* Quem deu os argumentos mais sólidos?
* Quem demonstrou mais conhecimento do tema?
* Quem demonstrou estar mais informado e atualizado?

A SEGUNDA: Apresentar inferências que impliquem capacidade de associação, relação e integração de temas:

* Que é a felicidade?
* O que se deve fazer para consegui-la ou vivê-la?
* De que maneira pode o ser humano integrar as seis propostas no trajeto de sua vida para encontrar a felicidade?

5.3.4.2. Debate

Esta técnica de trabalho em grupo baseia-se no intercâmbio de idéias, posições e argumentos de uns contra os outros em prol de uma determinada proposição.

Os participantes devem conhecer com antecipação o tema da controvérsia.

É muito importante que a proposição aponte para temas passíveis de debate, que marquem diferenças culturais, conceituais, filosóficas, e que, portanto, se prestem para tomar uma posição e sua discussão exija demonstrar amplos conhecimentos não apenas do tema em si, mas dos que lhe são relacionados.

Eis uma proposição, a título de exemplo:

> **A pena de morte para os delinqüentes contribui para diminuir a delinqüência.**

ORGANIZAÇÃO

- ❖ Nomear um comitê integrado por um presidente e um secretário.

- ❖ O presidente e o secretário definem o método para dar a palavra, organizar os subgrupos.

- ❖ O presidente inicia o DEBATE, apresenta o tema, faz moções de ordem, de chamada a centrar-se no tema, dá a palavra.

- ❖ O secretário toma notas, organiza o turno para dar a palavra, passa ao presidente os nomes dos CONTENDORES, controla o tempo e o uso da palavra e ajuda a organizar a votação final.

PROCEDIMENTO

- ❖ O presidente saúda, introduz o tema e convida à discussão.

- ❖ O presidente pede ao secretário que faça a listagem de quem vai participar da rodada, para dar a palavra em ordem.

- ❖ Terminada a rodada, o presidente pede a quem estiver de acordo com a proposição que se posicione à direita da sala, quem estiver em desacordo, à esquerda, e quem estiver em uma posição intermédia, no centro.

- Depois pede a cada subgrupo que nomeie seu representante, o qual será chamado CONTENDOR.
- Em seguida, anuncia o tempo de que cada subgrupo dispõe para preparar seu CONTENDOR.
- Terminado o tempo atribuído, os CONTENDORES passam à frente de todos os participantes e, segundo uma ordem sorteada, dá-se a palavra a cada um para que defenda sua posição e a de seu grupo, apresentando as causas e as conseqüências, dando razões, argumentos, motivos e procurando que todos se unam à sua posição e votem nela favoravelmente. Trata-se de ser convincente para ganhar adeptos.
- Um contendor pode pedir, uma única vez, um intervalo para ir ao grupo receber mais informação, mais argumentos (deve ser um tempo muito curto).
- Concluída a primeira intervenção dos contendores e uma segunda possível solicitação, o presidente dá um intervalo para organizar a votação.
- Terminado o intervalo, o presidente anuncia que se vai passar à votação, que deve ser feita por escrito e de forma secreta.
- O secretário recolhe os votos e os entrega ao presidente, que pede a cada CONTENDOR para servir de testemunha da contagem.
- O presidente anuncia o veredicto. Enuncia suas conclusões, procura deixar um ensinamento, valoriza o trabalho de todos, faz os agradecimentos e fecha o debate.

5.3.4.3. Luvas em ação

Esta é uma atividade em forma de debate, inspirada nos "chapéus para pensar" de Edward de Bono.

❖ Durante o desenvolvimento desta técnica, os participantes propõem ações concretas para solucionar um determinado problema.

❖ Os argumentos devem ser tão convincentes que consigam fazer ver claramente que sua proposta é a melhor, a mais viável e a de melhores conseqüências.

❖ Requer a organização dos participantes em subgrupos de seis.

❖ Os integrantes do subgrupo levarão uma luva (ou pulseira) em uma de suas mãos, a qual lhes será entregue por sorteio.

❖ Cada luva ou pulseira terá uma cor que condicionará a proposta do participante.

– **Luva azul:** ação egoísta; o participante pensa em si mesmo e em uma solução que o favoreça.

– **Luva amarela:** ação legal; o participante apóia-se na lei (deve conhecê-la) e ajusta-se a ela literalmente; não permite outra saída.

– **Luva verde:** ação no longo prazo; o participante não vê nenhum afã; as soluções podem esperar.

– **Luva vermelha:** ação para fortalecer os aspectos positivos. O participante procura uma alternativa rica em aspectos positivos e não quer admitir outra.

– **Luva negra:** ação para fortalecer aspectos negativos que pareçam convenientes ou necessários. O participante coloca uma solução que apresenta inconvenientes, mas defende-a argumentando que essa é a solução.

- **Luva branca:** ação imediata, com os recursos disponíveis.

EXIGÊNCIAS

É preciso documentar-se muito bem porque não se sabe que luva lhe caberá em sorteio.

Portanto, é necessário conhecer:

❖ o tema, de maneira ampla, para distinguir os aspectos negativos e os positivos, as forças e as debilidades;

❖ a maior quantidade de legislação possível sobre o tema, em nível mundial, nacional e regional;

❖ os recursos disponíveis do mundo, da nação e da região que contribuem para erradicar o problema;

❖ os avanços da ciência e as conquistas tecnológicas na matéria.

Ao finalizar a atividade, é muito importante realizar uma auto-avaliação e uma co-avaliação, com base nos indicadores e realizações propostos.

5.3.4.4. O passado no presente

Este auxílio educativo aviva a capacidade de fazer perguntas, a fim de transferir textos a contextos próprios do tema em estudo. Para isso pode-se pegar histórias, contos, parábolas, cartas ou escritos de autores de qualquer época, incluindo a contemporânea.

As perguntas dirigem a transferência, tanto na área como no tema específico.

Há pelo menos três maneiras de fazê-lo:

Um: O dinamizador apresenta o texto e as perguntas para que os alunos encontrem as respostas.

Dois: Dado um texto, os alunos redigem as perguntas e as respostas correspondentes.

Três: Os alunos realizam todo o processo, procuram o texto, elaboram as perguntas e as respondem.

Elaborar perguntas é uma prática de aprendizagem sumamente importante. Daniel Prieto, em seu documento *Educar com sentido*, afirma: "Uma pergunta bem-feita, dizia Heidegger, antecipa a resposta". Aprender a perguntar e a se perguntar significa um passo muito valioso na aprendizagem.

> Ver esta estratégia "O passado no presente" desenvolvida dentro de uma oficina, na p. 57.

> "Educar-se não é receber, mas fazer-se."
> (Whitehead)

5.3.5. Recursos didáticos com ênfase na avaliação

A avaliação também é uma estratégia da aprendizagem. Avalia-se para verificar como os alunos chegam ao processo, como avançam dentro dele e como o culminam. Avalia-se para corrigir, melhorar e estimular.

* Têm como estratégia principal a leitura e a expressão oral.
* Exigem muito estudo prévio dos temas propostos.
* Desenvolvem a capacidade de indagar e argumentar.
* Geram espaços de trabalho, discussão, debate, concentração e capacidade de argumentação.
* Criam um clima de criatividade, interação e comunicação constantes.
* Desenvolvem-se em um ambiente de aprendizagem lúdica por excelência.
* Propiciam a vivência de valores como a colaboração, o apoio mútuo, o respeito, a sã tolerância, a autodisciplina e a responsabilidade.
* Permitem avaliar o domínio conceitual, o nível de aprendizagem e o compromisso de grupo.
* Favorecem as competências interpretativas e argumentativas.

No processo educativo, e particularmente na avaliação, as técnicas passam a um segundo plano porque o mais importante é responder às perguntas "Para que se ensina?" e "Para que se aprende?". O ser humano necessita constatar que o que lhe é ensinado e o que ele aprende "vale a pena", serve-lhe para a vida, para a sua formação integral, para sua realização como pessoa e ser humano, conseguindo níveis superiores nas ordens intelectual, afetiva, psicológica, social e espiritual; é por isso que as técnicas podem ser estas ou aquelas, ou qualquer uma.

Neste sentido, a avaliação não é tanto uma prova, mas uma constatação; portanto, as provas que forem realizadas devem apontar, acima de tudo, para a verificação de conquistas quanto à aplicação de valores, ao cultivo das virtudes, à demonstração de clareza conceitual dos temas, à maturidade de pensamento, à fluidez na argumentação, ao respeito pelas idéias e pelos demais e a uma grande capacidade de escuta e respeito por algumas normas mínimas de sã tolerância indispensáveis para avançar em seu crescimento como pessoa humana e para conviver pacificamente com os demais.

5.3.5.1. Bingo

Este jogo didático converteu-se em uma verdadeira estratégia para avaliar, repassar e estudar, e requer os seguintes passos prévios:

1. estudar o tema e selecionar cinqüenta perguntas com suas respostas. Estas devem ser curtas;

2. organizar seis cartões no estilo dos cartões dos bingos sociais:

B	I	N	G	O
1	13	21	33	41
9	11	29	31	49
2	14	☺	34	42
10	12	30	32	50
3	15	23	35	43

3. Numerar as respostas consecutivamente.
4. Numerar as casas dos cartões de maneira que as respostas não fiquem de forma seguida e nenhum cartão tenha números exatamente iguais aos de outro. Todos devem ficar diferentes e as respostas devem estar tão estrategicamente distribuídas que, se a resposta 1 tiver que ficar em três cartões, em nenhum caso se deve permitir que coincida a mesma casa em dois deles.
5. Os números distribuem-se da seguinte maneira:
   ❖ Do 1 ao 10, debaixo do B.
   ❖ Do 11 ao 20, debaixo do I.

- Do 21 ao 30, debaixo do N.
- Do 31 ao 40, debaixo do G.
- Do 41 ao 50, debaixo do O.

6. As respostas são posicionadas nos cartões de acordo com o lugar atribuído.

   - Os números só são utilizados para saber onde será localizada cada resposta; depois deve-se apagá-los, porque não devem estar impressos.

7. Assim ficam prontos os cartões.

PASSOS PARA O DESENVOLVIMENTO

1. Organizar seis subgrupos e entregar um cartão a cada um.

2. O dinamizador enuncia a pergunta e dá tempo aos subgrupos para que dialoguem e se ponham de acordo sobre a resposta, a qual, se for encontrada, deve ser marcada no cartão (ter em conta que nem sempre se encontra a resposta; assim, como nos bingos sociais, nem sempre está em um cartão o número gritado).

3. O dinamizador decide ou define com o grupo em que momento serão verificadas as respostas corretas ou quando culmina o jogo para fazer uma avaliação.

VARIAÇÃO: Que os alunos elaborem o Bingo, como estratégia para que estudem um tema com base em perguntas e respostas e depois o proponham a seus companheiros.

> Ver este jogo didático (Bingo) desenvolvido dentro de uma oficina, neste livro, p. 33, ou também em: *A ética, arte de viver*: a alegria de crescer em família. São Paulo, Paulinas, 2000. v. 3.

5.3.5.2. Bosque encantado

* O *Bosque encantado* é um jogo didático com muito conteúdo e requer um espaço delimitado por um laço dentro do qual se posicionam silhuetas de animais e plantas.

* Na parte de trás de cada silhueta escreve-se uma pergunta ou uma tarefa do tema que se deseja estudar, repassar ou avaliar.

* Os participantes são organizados em subgrupos; cada subgrupo nomeia um(a) guia e um(a) adormecido(a) do bosque.

* A missão consiste em que o guia oriente o adormecido, que estará com os olhos vendados, para atravessar o bosque sem pisar em nenhuma silhueta.

* O guia posiciona-se no ponto de partida e não pode se mexer daí nem tocar no adormecido; apenas lhe dá instruções orais para que avance pelo bosque sem pisar nas silhuetas. O resto do grupo guarda silêncio.

* Se o adormecido pisar em uma silhueta, o subgrupo que ele representa deve responder a pergunta ou realizar a tarefa que houver atrás dela.

* Se um adormecido chegar à meta sem pisar em nenhuma silhueta, exime-se o grupo de responder perguntas ou cumprir tarefas.

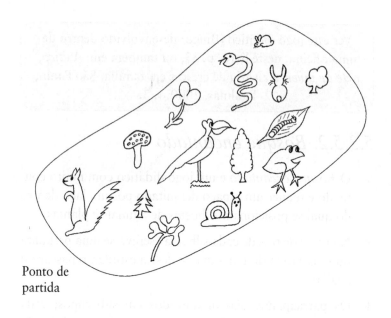

Ponto de partida

No final, atribui-se tempo para a realização das tarefas e procede-se, depois, à apresentação dos trabalhos.

PLENÁRIO

5.3.5.3. Escala de avaliação

A escala de avaliação é um instrumento de apoio para avaliar algum tipo de comportamento, atitude ou procedimento.

Sem dúvida, há várias maneiras de desenhá-la, mas esta proposta do padre Jesús Andrés Vela ajuda muito no relacionado aos valores.

Marcar, de 1 a 10, o número que melhor defina seu comportamento com relação a: (aqui se escreve o valor)

1. Capacidade para _____ aos demais de forma compreensiva.

Não sou capaz 1-2-3-4-5- 6- 7-8-9-10 Sou capaz.

2. Disposição para discutir sentimentos sobre _____ com outras pessoas.

Não estou disposto 1-2-3-4-5- 6- 7-8-9-10 Estou disposto.

3. Consciência da necessidade que os demais têm de mim _____.

Não se interessam 1-2-3-4-5- 6- 7-8-9-10 Estou pendente.

4. Compreensão do porquê devo _____ aos demais.

Não o compreendo em absoluto 1-2-3-4-5 -6- 7-8-9-10 Compreendo-o perfeitamente.

5. Reação diante das rejeições dos demais com relação à minha capacidade de _____ aos outros.

Sinto-me incomodado 1-2-3-4-5- 6- 7-8-9-10 Aceito-as.

6. Consciência da necessidade que tenho de receber _____ por parte dos demais.

Não tenho nenhuma 1-2-3-4-5- 6- 7-8-9-10 Sou plenamente consciente.

7. Disposição para confiar no _____ que outros me outorguem sinceramente.

Sou renitente 1-2-3-4-5- 6- 7-8-9-10 Estou disposto.

8. Habilidade para influenciar outras pessoas a que _____ aos demais.

Não tenho habilidade 1-2-3-4-5- 6- 7-8-9-10 Sou capaz.

Nos espaços delineados escreve-se o valor que se quer avaliar.

Ao acabar de diligenciar esta ficha, faz-se uma reflexão, uma análise; tiram-se algumas conclusões e, se possível, assumem-se determinações que signifiquem conquistas na capacidade de assumir a prática desse valor.

5.3.5.4. *Galeria*

A *Galeria* é um bom instrumento para realizar avaliações de temas que impliquem níveis, categorias ou taxonomias.

Primeiro passo:

1. É necessário precisar os níveis ou categorias.
2. Em segundo lugar, redigem-se casos da vida real que precisem ser analisados à luz dos níveis.
3. Cada caso deve ter tantas alternativas de solução quanto os níveis.

Vejamos um exemplo:

Se o tema são os problemas relacionados à morte, os níveis ou classificações poderiam ser seis:

- eutanásia,
- homicídio,
- suicídio,
- distanásia,
- ortotanásia,
- pena de morte.

O propósito deste exercício: demonstrar capacidade para classificar corretamente, a partir do ponto de vista ético, as atitudes diante da morte.

Deve-se ter muito cuidado na redação das alternativas de cada caso porque a qualificação não pode aparecer nelas expressamente; isto seria demasiado fácil. É necessário dar ao exercício um bom nível de dificuldade para que os alunos demonstrem conhecimento do tema e capacidade para compreender com suficiente clareza as diferentes formas estudadas.

Vejamos o exemplo de um caso:

CASO A: Um familiar seu encontra-se gravemente doente. Está ligado a um respirador artificial, ainda está consciente e fala com os visitantes. Em determinado momento em que se encontra a sós com você, ele lhe pede que por favor lhe dê uma bebida venenosa porque não quer continuar causando mais incômodo à família, nem quer prolongar mais sua doença.

Você lhe responde:

1) Reflita bem sobre o que está me dizendo, porque não podemos decidir sobre a nossa vida ou morte.

2) Parece-me que você me está pedindo algo muito delicado que não posso fazer, porque estaria violando as leis. Este procedimento não é legal e eu seria cúmplice na sua morte.

3) Talvez o melhor fosse você pedir que lhe desligassem o respirador artificial para ver o que acontece.

4) Acho que você está se precipitando; espere que os medicamentos e a tecnologia mostrem os resultados.

5) Não lhe parece que o que está me pedindo é algo assim como uma injeção letal?

6) Enquanto você estiver consciente, o que pode fazer é assinar um documento para que se lhe acelerem a morte, mas não sou capaz de fazer o que está me pedindo.

Segundo passo:

Deve-se desenhar um quadro de qualificação para localizar os níveis, tendo o cuidado de posicionar aleatoriamente os números das soluções; mas cada fila deve corresponder a um nível determinado.

Este é um quadro para dez casos; podem ser menos, mas dez é um bom número para o exercício.

Se na primeira fila se posicionar a PENA DE MORTE, aí irão os números cujas alternativas apontem para esta atitude diante da morte.

Com relação a este tema pode-se sugerir que se posicionem, nas três primeiras filas do quadro, as atitudes antiéticas: pena de morte, homicídio e suicídio; na quarta fila, a mais discutível atualmente, a eutanásia; na quinta fila, a que é ética mas não obrigatória, a distanásia; e na sexta fila, a mais recomendada eticamente, a ortotanásia.

Este posicionamento não deve ser conhecido previamente pelos alunos. Eles só vão encontrar os números; na análise descobrirão os níveis e a tendência que predomina em cada um deles em torno deste tema.

	A	B	C	D	E	F	G	H	I	J
	5									

Aqui uma classificação ➡

> Ver o recurso da *Galeria* desenvolvido dentro de uma oficina, na p. 14, ou também em *A ética, arte de viver*: a alegria de crescer em família. São Paulo, Paulinas, 2000. v. 3.

5.3.5.5. Portfolios

Trata-se de orientar cada um dos participantes a adquirir um arquivo ou pasta para guardar os trabalhos, exercícios, provas, reflexões, análises, em suma, todas as produções de ordem pessoal ou coletiva, a fim de armazená-las para revisão, correção, ampliação e melhoria, à medida que os temas forem se ampliando, outros elementos forem surgindo e os alunos forem progredindo na aprendizagem e domínio do tema ou da área.

Os trabalhos organizados no *portfolio* são suscetíveis de ser melhorados, corrigidos ou ampliados, permitindo o crescimento permanente do aluno.

O *portfolio* faz referência ao juízo que se emite diante de um trabalho composto por várias atividades, por meio de observações, apreciações sucessivas e retroalimentações realizadas durante um período de tempo mais ou menos longo. Favorece a valorização de projetos, consultas bibliográficas, trabalhos que exijam criatividade, e muitos outros em que o aluno pode trabalhar e corrigir ao longo do curso, de acordo com os critérios ou padrões de referência (Gladis Stella Giraldo et al. *Evalúo formando integralmente*).

5.3.5.6. Quebra-cabeças humano

É uma técnica que permite realizar uma avaliação cognitiva coletiva a partir de uma individual. Trata-se de armar um *quebra-cabeças*, mas neste caso as peças não são fichas de cartão ou plástico, nem outro tipo de material; as fichas são as pessoas, os próprios participantes. São eles que devem se mover até se posicionarem no lugar correto de acordo com a seqüência do tema atribuído.

É necessário levar-se em conta:

1. Que o tema tenha uma determinada ordem; não serve qualquer tema.

2. Que cada estudante receba uma parte do tema em forma de pergunta.

3. Que cada estudante responda, pessoalmente, a pergunta (avaliação individual).

4. Que se demarque um espaço no chão que exija uma localização precisa.

5. Que os alunos, mal tenham a resposta elaborada, passem a posicionar-se em qualquer lugar do espaço assinalado.

6. Uma vez aí, os alunos começarão a estudar o tema, a ler suas perguntas e respostas e a procurar a localização correta (avaliação coletiva).

7. Esta localização se faz tendo em conta o ponto de início e o ponto de finalização, assinalados pelo dinamizador.

Por exemplo, se houver vinte alunos, assinala-se um lugar com vinte casas.

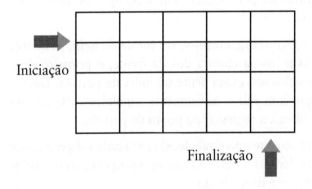

Como em todos os casos nos quais há participação coletiva, é muito importante realizar um plenário no final para avaliar não tanto o procedimento metodológico, mas as realizações quanto à compreensão dos conteúdos.

5.3.5.7. Salto simultâneo

Este é um jogo desenhado para realizar avaliações coletivas.

Passos para seguir:

1. Primeiro deve-se definir o tema, traçar uma meta a ser atingida e precisar as pegadas a serem deixadas no caminho para ajudar os participantes.

2. Fixar a meta em um lugar visível, marcar os lugares das pegadas (três ou quatro), e marcar o ponto de partida. Entre a meta e o ponto de partida deve haver pelo menos seis metros: espaço onde serão colocadas as pegadas, que são pistas para ajudar a atingir a proposta que há na meta.

3. Organizar os participantes em subgrupos de oito a dez pessoas.

4. Os subgrupos organizam-se em forma de trem, os de trás com as mãos na cintura dos da frente; o primeiro deve ser posicionado exatamente na linha de partida. Devem avançar com saltos estritamente simultâneos. Qualquer falha obriga a regressar ao ponto de partida.

5. Terminado o tempo estabelecido para cada subgrupo, este deve se dedicar a obter a conquista proposta conforme as pegadas que tiver obtido.

6. Na meta, pode-se propor um conceito, uma definição, algumas características etc.

"A avaliação deve ser entendida como um acompanhamento crítico-criativo de um indivíduo em processo de amadurecimento pessoal." (Gonzalo Morales Gómez, *El giro cualitativo de la educación*)

5.3.6. Recursos didáticos com ênfase no desempenho de papéis

Representar papéis permite ensaiar "a realidade" a partir do "outro", vivendo seus conhecimentos, interesses, problemas, perspectivas etc.

- ❖ Têm como estratégias principais a expressão corporal e a expressão oral.
- ❖ Promovem o estudo e a indagação de características de personagens.
- ❖ Criam um clima de criatividade, interação e comunicação constantes.
- ❖ Desenvolvem-se em um ambiente lúdico com grande oportunidade para a inventividade.
- ❖ Contribuem para o desenvolvimento de habilidades de comunicação eficiente.
- ❖ Propiciam a vivência de valores como a colaboração, o apoio mútuo, o respeito, a sã tolerância, a autodisciplina e a responsabilidade.
- ❖ Favorecem as competências interpretativa, argumentativa e propositiva.

Nestas estratégias de *Desempenho de papéis* é muito conveniente levar em conta a sugestão do professor Ignacio Montenegro no sentido de acatar os seguintes passos:

AMBIENTAÇÃO

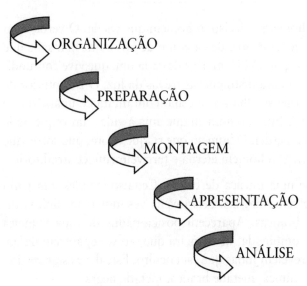

5.3.6.1. Libreto

Na seqüência, apresentamos o libreto intitulado "JUDAS", escrito pelo autor da coleção. *A ética, arte de viver*, com a colaboração de um grupo de estudantes da Universidad de La Salle de Bogotá. A obra foi estreada no Teatro da Universidad de La Salle.

Esta obra foi preparada para se estudar, na aula de filosofia, o tema da felicidade e dos valores, e os temas que lhes são anexos.

LIBRETO DE JUDAS

Judas, o homem indeciso, o homem que vacila. O verdadeiro homem que há dentro de cada um de nós e que não sabe que caminho seguir. O EU interior de cada um, que vive confundido, lutando para distinguir as trevas da luz. O EU interior de cada um, que se olha a si mesmo com muita compaixão e se desespera... Judas, o homem que ama a vida e faz o que pode colocá-la a perder. O homem que ri, que chora, que sofre, que se alegra... Um homem eterna e terrivelmente contraditório.

Coloca-se uma música de fundo. Cenário simples, um pano de fundo sem imagens. Seis jovens vestidos com túnicas totalmente brancas. Aparecem posicionados de uma maneira artística combinada, de maneira que, ao se separarem de um só salto, revelem Judas que está oculto. Este deve estar vestido com uma túnica, metade branca, metade negra.

Convenções:

J: Judas

V1b: Voz um branco

V1n: Voz um negro

V1b: Judas...

V2b: Judas...

V3b: Judas...

V4b: Judas...

V5b: Judas...

V6b: Judas...

V1n: Judas...

V2n: Judas...

V3n: Judas...

V4n: Judas...

V5n: Judas...

V6n: Judas...

Todos: JUDAS! (num único movimento separam-se e deixam ver Judas)

Judas passeia lentamente, olha para todos e...

J: (balbuciando) A felicidade... a felicidade... Como se alcança a felicidade?

V1n: A felicidade é obtida por meio do prazer. Ahh... o prazer da carne, Judas!

V2n: A felicidade é obtida por meio do dinheiro... dinheiro... muito dinheiro...

V3n: A felicidade é obtida por meio do poder, governar, mandar!

V4n: A felicidade é obtida unicamente com a morte.

V5n: A felicidade é obtida com um pouco de inteligência.

V6n: A felicidade é obtida por meio da astúcia... da magia... da superstição...

277

J: (que escutava em atitude de expectativa e incerteza) A felicidade... a felicidade...

Vozes 1 e 2b: Neste mundo necessita-se de gente verdadeiramente feliz.

Coro de brancos: A felicidade é alcançada quando há amor.

Vozes 3 e 4b: A felicidade só é possível por meio da fé, por meio do amor.

Vozes 5 e 6b: A felicidade é obtida quando há esperanças, quando há sonhos.

Coro de brancos: A felicidade é alcançada quando há amor.

J: E o que é o amor?

V1b: Amor é entregar-se.

Vozes 1, 2 e 3n: Entregar-se para que abusem da sinceridade? Entregar-se para que os outros se aproveitem?

V2b: Amor é esquecer-se de si mesmo.

Vozes 4, 5 e 6n: Esquecer-se de si mesmo para que os outros se aproveitem? Esquecer-se de si mesmo para que os outros enriqueçam?

V3b: Amor é buscar o que a outros possa fazer felizes.

V1 e 2n: O que a outros possa fazer felizes? Não, Judas! Busca a tua felicidade. Felicidade para ti somente.

V4b: A felicidade só é possível quando se luta pela paz.

V3 e 4n: A paz é um sofisma. A paz não é possível. Cada um deve salvar sua própria pele.

V5b: A felicidade é obtida seguindo-se a Jesus Cristo, seguindo seu Evangelho. Ele é o único caminho.

V5 e 6n: Jesus Cristo?... ah ah ah... Jesus Cristo? Jesus Cristo é um pobre carpinteiro. Filho de carpinteiro. Um pobre, pobre, pobretão.

Coro de negros: Jesus Cristo é um pobre, pobre, pobretão. A felicidade é obtida quando há dinheiro. Muito dinheiro... Ah, o dinheiro!... dinheiro...

(Este coro continua repetindo estas frases de fundo, enquanto os brancos...)

V1b: Senhor, eu te seguirei aonde quer que vás...

(Ouve-se o coro de negros, que repetem: Jesus Cristo é um pobre, pobre, pobretão...)

V2b: Senhor, fica conosco porque a tarde cai...

V3b: Senhor, Jesus Cristo, sem ti para onde iremos?

V4b: Quem nos defenderá do mal, ó Senhor?

V5b: Senhor Jesus, tu tens palavras de vida eterna.

V6b: Ó, Jesus!, sem ti nada de bom podemos fazer.

(O coro de negros aumenta um pouco o ritmo e o volume; os brancos tratam de desaparecer e gritam de novo as frases anteriores, uma parte em coro, outra parte em desordem.)

(Música de fundo. Judas está refletindo em um canto do cenário; de repente, levanta-se e pensa em voz alta:)

J: Jesus Cristo... Jesus Cristo... tive uma idéia, tive uma boa idéia, tive uma excelente idéia... Jesus Cristo pode ser meu amigo.

(Esta última frase é dita em voz alta, com entusiasmo.)

(Música de fundo.)

V1n: Os amigos?... e quem são os amigos?

V1, 2 e 3n: Os amigos? Apenas são amigos os que estão prontos para tirar alguém de apuros. Apenas são amigos os que estão disponíveis para tirar o máximo proveito de alguém.

V4, 5 e 6n: Os amigos? Só servem de amigos os que têm dinheiro. Os que têm poder. Os que têm posição. Só servem de amigos os que têm... os que têm... os que têm...

(Aqui os negros colocam-se de costas para os brancos, enquanto gritam:)

Coro de negros: Trata-se de triunfar! Trata-se de alcançar a felicidade! Necessitamos de felicidade! Necessitamos de sorte para sermos felizes!

(Os negros fazem "teatro" com elegância e sarcasmo.)

V1n: A felicidade é obtida com poder!

V2n: O poder é obtido com dinheiro!

V3n: O dinheiro é obtido com loterias!

V4n: O dinheiro é obtido com injustiça!

V5n: A injustiça é obtida com os justos!

V6n: Os justos que não podem fazer com injustiça!

(Música de fundo)

V1 e 2n: Basta lembrar o caso dos nossos governantes. Têm poder, têm tudo, dispõem de tudo. Carros blindados sem custo. Aviões particulares sem custo. Sem custo para o seu bolso. Felicidade sem custo... sem custo para o seu bolso. (Saem.)

V3 e 4n: O caso dos arquimilionários, que têm balneários, fazendas, casas, jatinhos. Sem custo para seu bolso e com aumento dos seus milhões. (Saem.)

V5 e 6n: Quem triunfa mais facilmente e é feliz e respeitado? Aquele que faz com injustiça. Nada traz tantos benefícios como a chantagem, a extorsão, o seqüestro. Nada traz tantos benefícios como fazer com injustiça. (Saem.)

(Música de fundo: continuar com a mesma: *Um violinista en el tejado*.)

J: Jesus atrai as pessoas... Jesus faz maravilhas... Jesus faz milagres, multiplica pães, cura leprosos... Jesus Cristo me dá uma idéia... uma boa idéia... uma excelente idéia... (Sai.)

(Os brancos que permaneciam no fundo, cabisbaixos, vão caminhando para o centro do cenário, um a um, com atitude peculiar, em "câmara lenta", com piedade, com súplica...)

V1b: Senhor, estás próximo, fiéis são teus mandatos. Ai de mim!, que enquanto falo de amor meus inimigos pregam o ódio. Defende-nos, Senhor, da violência... Vem, Senhor... Vem...

Coro de brancos: Vem, Senhor, recupera minha calma, faça-me voltar a paz. Vem, Senhor... (pode-se pôr música.)

V2b: Guarda-me como à menina dos teus olhos. Esconde-me, Senhor. Que não haja mais violação dos direitos humanos. Que o branco não valha mais que o negro, nem o rico mais que o pobre, Senhor.

Coro de brancos: Vem, Senhor, recupera minha calma, faça-me voltar a paz. Vem, Senhor.

V3b: Senhor, teu nome permanece eternamente; tua dimensão é mais ampla que o mar, mais extensa que a terra. Senhor, que se acabe a miséria, que não haja mais miseráveis que têm como moradia a rua, e como cama, o chão.

Coro de brancos: Vem, Senhor, recupera minha calma, faça-me voltar a paz. Vem, Senhor.

(Saltam os negros 1, 2 e 3, desafiadores, em movimentos sincronizados.)

V1, 2 e 3n: (gritando) Que palavras são estas? Que linguagem se escuta? Que vozes se ouvem que ainda não entendemos? Seu som ressoa em nossos ouvidos como alaridos desconexos. Que palavras são estas? Que linguagem se escuta?

(Posicionam-se de costas para os brancos.)

V4b: Ó, Senhor! Minha força, minha rocha. Salva-me. Não permitas que me vençam os amigos do ódio, os inimigos do amor. Até quando, Senhor, vivendo em meio do seqüestro, de surras, de desemprego? Senhor, que se acabe com os abrigos de jornais para os garotos da rua. Que se acabe com os pais irresponsáveis.

Coro de brancos: Vem, Senhor, recupera minha calma, faça-me voltar a paz. Vem, Senhor.

V5b: Ouve minha voz, Senhor, escuta-me. Lava-me de minha culpa e protege-me. Molha-me, Senhor, com hissopo e ficarei limpo. Lava-me, Senhor. Que reine a paz, que reine o amor; que se acabem as mentiras, a guerra, o derramamento de sangue inocente.

Coro de brancos: Vem, Senhor, recupera minha calma, faz-me voltar a paz. Vem, Senhor.

V6b: Vê, Senhor, como embusteiam contra mim os poderosos. Vê como conspiram os injustos. Liberta-me, Senhor. Senhor, que haja paz em todos os lares. Senhor, que haja paz em todo o mundo. Que se acabe a exploração dos empresários e que nos trabalhadores não haja tanta conformidade.

Coro de brancos: Vem, Senhor, recupera minha calma, faça-me voltar a paz. Vem, Senhor.

V3 e 4n: (gritando) Que palavras são estas? Que linguagem se escuta? Que vozes se ouvem que ainda não entendemos? Seu som ressoa em nossos ouvidos como alaridos desconexos. Que palavras são estas? Que linguagem se escuta?

(Todos os negros tomam posição agressiva, desafiadora.)

(Do 1 ao 6, os brancos estão todos quietos como estátuas, em posições diferentes. Lentamente, vão-se levantando em pares, com os braços abertos, convidando seus companheiros.)

V1 e 2b: Dá-nos força, Senhor, para lutar por um mundo mais justo. Onde se cobre pelas coisas o que realmente valem. Um mundo onde se paguem os salários de acordo com o trabalho e as necessidades. Dá-nos força, Senhor, para lutar por um mundo sem fome.

(**Coro de brancos:** com a boca fechada, murmuram o ritmo de uma canção.)

V3 e 4b: Dá-nos força e fé para descansar em ti e não desfalecer. Senhor, que não haja mais indiferença pela desigualdade entre os homens. Que não haja mais pessoas que passam tranquilas diante dos necessitados. Que não haja mais acostumados ao mal.

(**Coro de brancos:** com a boca fechada, murmuram o ritmo de uma canção.)

V5 e 6b: Senhor, dá-nos amor. Dá-nos fortaleza para lutar com amor pelo amor. Que haja um mundo de irmãos. Um mundo onde nós, humanos, nos comportemos como humanos. Que já não haja homens nem mulheres que necessitem de aulas para aprender como devem se comportar os humanos.

(**Coro de brancos:** com a boca fechada, murmuram o ritmo da canção *De qué color es la piel de Dios?*)

(Agora os atores tomam posições especiais: brancos diante dos negros e Judas no centro.)

(Música de fundo: *Quinta Sinfonia*, de Beethoven.)

V1b: Bem-aventurados os pobres (baixa a voz) porque vosso é o reino...

J: Devo dar-me aos outros?

V1 e 2n: Judas! O reino de Deus é abstrato. A pobreza de espírito é de bobos. Os que triunfam neste mundo não são os pobres, Judas!

V2b: Bem-aventurados os que têm fome, porque serão saciados...

J: Senhor, que coisas pregas?...

V3 e 4n: Judas! Tem cuidado. Não te deixes levar pelo que não entendes. Afasta-te.

V3b: Bem-aventurados os que agora choram, porque rirão.

J: Senhor, estou aturdido. Não compreendo tuas palavras.

V5e 6n: Judas, podes cair em uma armadilha. É uma armadilha.

V4b: Bem-aventurados quando por causa de mim vos aborrecerem e perseguirem...

J: Mas que vida pedes, Senhor?

(Música de suspense.)

J: Seguir Jesus.

Coro de brancos: Por amor.

Coro de negros: Sem poder?

J: Seguir Jesus.

Coro de brancos: Com fé.

Coro de negros: Sem riquezas?

J: Seguir Jesus.

Coro de brancos: Com esperança.

Coro de negros: Sem prazer?

J: Seguir Jesus... com amor... com fé... com esperança...

Coro de negros: Tira proveito da tua amizade com Cristo. Tira vantagens, Judas!

V1n: Descobre o segredo mágico para curar.

Coro de negros: E terás poder!

V2n: Descobre o segredo mágico para ressuscitar.

Coro de negros: E terás poder!

V3n: Rouba a Jesus a fórmula para fazer ver os cegos.

Coro de negros: E terás poder!

V4n: Apodera-te do dinheiro de quem o segue.

Coro de negros: E terás poder!

V5n: Descobre a fórmula para falar sofismas e ganhar prosélitos.

Coro de negros: E terás poder!

Judas retira-se da cena, lentamente, em atitude de dúvida, descontrolado, olhando para trás, para os brancos, enquanto estes lhe gritam:

Coro de brancos: Judas, escuta... com Jesus ou contra Jesus!!!...

V1b: Há que se definir, Judas!

Coro de brancos: Judas, escuta... com Jesus ou contra Jesus!!!...

V2b: Há que se comprometer com Jesus. Compromisso, Judas!!!

Coro de brancos: Judas, escuta... com Jesus ou contra Jesus!!!...

V3b: Estar comprometido com Jesus é estar contra a sociedade capitalista.

Coro de brancos: Judas, escuta... com Jesus ou contra Jesus!!!...

V4b: Estar comprometido com Jesus é estar contra governantes tiranos, sem escrúpulos.

Coro de brancos: Judas, escuta... com Jesus ou contra Jesus!!!...

V5b: Estar comprometido com Jesus é estar contra a sociedade de consumo.

Coro de brancos: Judas, escuta... com Jesus ou contra Jesus!!!...

V6b: Estar comprometido com Jesus é ver em cada pessoa um irmão.

Coro de brancos: Judas, escuta... com Jesus ou contra Jesus!!!...

(Os negros estiveram em posição de indiferença, arrogantes. Judas acaba por sair, muito confuso.)

Os brancos entoam um cântico como o "Hino à Alegria", da *Nona Sinfonia*, de Beethoven, enquanto os negros se põem a jogar dados e cartas e a contar moedas.

SILÊNCIO TOTAL.

Luz tênue, um refletor que ilumine um pouco Judas, o qual entra lentamente, arremessando moedas, lentamente e com muito nervosismo; as moedas caem, fazem ruído. Judas começa a rir muito nervosamente... De súbito, lança violentamente as moedas que lhe restam, ri fortemente e interrompe sua risada para dizer:

J: Vendi o Senhor Jesus... (volta a rir nervoso; olha para todos os lados com os olhos muito abertos; os negros com seu riso muito alto estendem-lhe os braços e cantam para ele.)

Coro de negros: JU-DAS. JU-DAS. JU-DAS. JU-DAS. JU-DAS. JU-DAS.

(Judas, cabisbaixo, não está satisfeito, olha com ódio.)

(Os brancos dirigem-se ao público.)

Coro de brancos: Vendemos Jesus quando calamos a verdade.

Coro de negros: JU-DAS. JU-DAS. JU-DAS. JU-DAS. JU-DAS. JU-DAS.

Coro de brancos: Vendemos Jesus quando fazemos as coisas pela metade, sem esforço.

Coro de negros: JU-DAS. JU-DAS. JU-DAS. JU-DAS. JU-DAS. JU-DAS.

Coro de brancos: Vendemos Jesus quando usamos a mulher, quando a procuramos por prazer, sem amor.

Coro de negros: JU-DAS. JU-DAS. JU-DAS. JU-DAS. JU-DAS. JU-DAS.

(Judas comporta-se como um louco no cenário.)

Coro de brancos: Todos os dias vendemos Jesus (e continuam repetindo esta frase até o final da cena).

(Os negros, em movimentos sincronizados, entregam um laço a Judas e lhe vão cantando:)

Coro de negros: JU-DAS. JU-DAS. JU-DAS. JU-DAS. JU-DAS. JU-DAS.

(Judas move-se ritmicamente de acordo com o cântico de JU-DAS e vai-se enredando no laço em forma artística.)

Coro de brancos: Traidor! Traidor! Traidor! Traidor! Traidor! Traidor!

Coro de negros: Homem de valor! Homem de valor! Homem de valor! Homem de valor!

Coros de todos, brancos e negros: JU-DAS. JU-DAS. JU-DAS. JU-DAS. JU-DAS.

(E Judas cai de um só golpe, totalmente enredado no laço.)

Cai o pano.

5.3.6.2. Monumento

É uma representação mímica de um tema, por um grupo de estudantes que adotam as posições e simulam as atitudes, sem movimentos. É um quadro vivo para ser interpretado e analisado. É uma "pose" estática. É um monumento ao vivo com pessoas reais.

Procedimento:

❖ Organiza-se o grupo em subgrupos.

❖ Cada subgrupo estuda o tema.

❖ Estuda possibilidades de representação.

❖ Decide que personagens são exigidos.

❖ Assume a psicologia dos personagens.

❖ Prepara os distintivos, se necessário.

❖ Ensaia a representação.

A representação de um tema por meio de um monumento implica mensagens não-verbais que devem ser muito bem interpretadas com gestos, atitudes e posições.

Finalizada a representação, faz-se uma análise séria sobre o tema, dialoga-se, discute-se, interpela-se, argumenta-se.

5.3.6.3. Projeto de visão futura

Esta técnica consiste em elaborar um projeto com base em um tema que deve ser problematizado.

É importante sublinhar que o que se entrega é um tema que deve ser consultado e muito bem documentado.

Procedimento:

❖ Os participantes devem ser organizados em subgrupos ou pequenos círculos.

❖ Cada um recebe um tema para estudar.

❖ O grupo determina que personagens são necessários para tratar o tema já problematizado.

❖ Cada um dos participantes assume a caracterização de um personagem.

- ❖ Cada personagem deve conhecer muito bem o tema para contribuir na solução do problema a partir do seu "papel".
- ❖ O trabalho de grupo implica muita argumentação a partir de uma base conceitual muito bem argumentada.

Exemplo:

- ❖ **Tema:** O aborto.
- ❖ **Problema:** Existem, na instituição X, casos de garotas menores de idade que estão fazendo abortos.
- ❖ **Personagens para tratar o problema:** reitor do colégio, coordenador, professor de ética, psicólogo, representante dos professores, representante dos alunos, representante dos pais de família.

O problema deve ser abordado com pleno conhecimento do tema.

Passos a seguir no *Projeto de visão futura*:

1. Estudo do tema.
2. Conceitualização.
3. Causas.
4. Conseqüências.
5. Análise da realidade.
6. Alternativas de solução.
7. Projeto.

"É preferível cometer erros em um simulacro do que na realidade."

5.3.7. Recursos didáticos com ênfase na integração dos participantes

> Kurt Lewin afirma: "Integrar não é alienar, nem massificar, nem acondicionar. É criar um clima humano de respeito, de aceitação, de cooperação e solidariedade, no qual as potencialidades individuais contribuem com generosidade e sem duplicidades, para facilitar o crescimento e a maturidade do grupo".

❖ Têm como estratégias principais o trabalho em grupo e a expressão oral.

❖ Propiciam o conhecimento dos participantes a partir de vários pontos de vista:

* sua história;
* seus gostos e passatempos;
* seu tipo de pensamento;
* seus conhecimentos;
* seus desejos e sonhos etc.

❖ Permitem a prática de valores como o respeito e a sã tolerância.

❖ Contribuem para o desenvolvimento de competências comunicativas: falar, escutar, escrever.

- ❖ É claro que também nelas se podem abordar temas, seja por meio do estudo de documentos, da resolução de problemas, da busca de respostas etc.
- ❖ Implicam estudo, concentração e compreensão.
- ❖ Cumprem cabalmente o princípio de diversidade e integralidade.

5.3.7.1. Carrossel com porta

É uma técnica da qual participam todos os integrantes de um grupo, organizado em dois círculos concêntricos, de tal maneira que uma pessoa fique diante de outra, a fim de que possam dialogar para se conhecerem, estudarem um tema ou resolverem um problema.

Para que os participantes do círculo do centro possam passar para o círculo periférico e intercambiar com os que se encontram a seu lado, o carrossel deve ter uma porta que permita esta variação.

Vejamos a variação por meio de um gráfico:

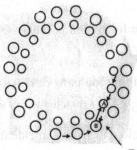

Ao chegar à porta, no movimento correspondente, o participante A passa para a periferia e o B passa para o círculo do centro.

PORTA

Como se pode observar, os do centro vão passando para a periferia e os da periferia para o centro. Isto é feito lentamente, quando o diálogo dos pares confrontados tiver terminado. Para isso, o dinamizador dá a ordem de avançar um lugar para a direita. Os movimentos terminam quando cada participante retorna ao seu posto inicial.

5.3.7.2. Fichas múltiplas

As fichas múltiplas são um recurso didático, de ordem tecnológica, que permite reunir um participante em quatro momentos distintos, com diferentes companheiros de cada vez.

Estas fichas estão desenhadas para ter quatro caracteres.

Cada participante recebe uma delas:

No caso desta ficha, o aluno a quem foi atribuída reunir-se-á:

– a 1ª vez com quem tiver a letra B;

– a 2ª vez com quem tiver a flecha apontada para cima;

– a 3ª vez com quem tiver o número 6;

– e a 4ª vez com quem tiver o símbolo da carinha sorridente.

A uma indicação do dinamizador, formam-se os grupos segundo o caractere anunciado.

Eis o desenho de 36 fichas:

A ↑ 1 ▽	F ↑ 2 ♠	E ↑ 3 ♣	D ↑ 4 ♦	C ↑ 5 •	B ↑ 6 ☺
B → 1 ♠	A → 2 ♣	F → 3 ♦	E → 4 •	D → 5 ☺	C → 6 ▽
C ↓ 1 ♣	B ↓ 2 ♦	A ↓ 3 •	F ↓ 4 ☺	E ↓ 5 ▽	D ↓ 6 ♠
D ← 1 ♦	C ← 2 •	B ← 3 ☺	A ← 4 ▽	F ← 5 ♠	E ← 6 ♣
E ↙ 1 •	D ↙ 2 ☺	C ↙ 3 ▽	B ↙ 4 ♠	A ↙ 5 ♣	F ↙ 6 ♦
F ↗ 1 ☺	E ↗ 2 ▽	D ↗ 3 ♠	C ↗ 4 ♣	B ↗ 5 ♦	A ↗ 6 •

Cada vez que os participantes se reúnem sobre a representação de um caractere, recebem as instruções para realizar um determinado trabalho, dependendo do propósito da atividade que se esteja realizando.

É conveniente, por organização e boa utilização do tempo, ter lugares assinalados com os caracteres correspondentes para a reunião dos grupos.

As fichas são elaboradas em determinada quantidade, dependendo do número de participantes. O exemplo apresentado aqui serve para grupos entre 26 e 36 participantes. Para grupos com 25 ou menos, é melhor fazer fichas em um rascunho quadrado de 5x5.

Para grupos com mais de 37 e menos de 49, fazer fichas em um rascunho de 7x7.

É-lhes recomendado estudar o exemplo deste livro para que descubram a forma como se faz a distribuição dos caracteres, em qualquer caso:

❖ Um vai de forma horizontal, neste caso as flechas.

❖ Outro vai de forma vertical, neste caso os números.

❖ Um terceiro vai de forma diagonal, da esquerda para a direita, neste caso as letras.

❖ E um quarto vai de forma diagonal, da direita para a esquerda, neste caso os símbolos.

5.3.7.3. Focos e turnos

Os *Focos e os Turnos*, tal como as *fichas múltiplas*, permitem reunir os alunos em momentos diferentes, com companheiros distintos a cada vez. A diferença está em que as fichas permitem quatro reuniões e os *Focos e os turnos*, por sua vez, permitem muitas mais.

Os Focos estão identificados com letras e os participantes, com números; em cada Foco localiza-se o questionário ou a tarefa; os alunos vão rodando de acordo com seu número e, quando o dinamizador der o sinal, todos devem mudar de Foco ao mesmo tempo.

Recomenda-se o estudo das tabelas que aparecem a seguir para que descubram a estratégia utilizada para distribuir os números, de tal forma que nenhum estudante repita companheiro ao mudar de Foco.

Eis os Turnos, com sete focos de trabalho, para um mínimo de 14 participantes e um máximo de 42. Se os participantes passarem de 42, será necessário elaborar novas tabelas e aumentar os Focos:

TURNO UM

A	B	C	D	E	F	G
1	2	3	4	5	6	7
8	9	10	11	12	13	14
15	16	17	18	19	20	21
22	23	24	25	26	27	28
29	30	31	32	33	34	35
36	37	38	39	40	41	42

Este turno deve ser colocado à vista de todos para iniciar a atividade, a fim de informar os participantes a que foco devem se dirigir. Cada participante vai ao foco que lhe corresponder conforme o número atribuído. Assim, por exemplo, os participantes com os números 1, 8, 15, 22, 29 e 36 reúnem-se no foco A para realizar a atividade atribuída.

TURNO DOIS

A	B	C	D	E	F	G
7	1	2	3	4	5	6
13	14	8	9	10	11	12
19	20	21	15	16	17	18
25	26	27	28	22	23	24
31	32	33	34	35	29	30
37	38	39	40	41	42	36

Ao fazer a mudança, é conveniente verificar se os participantes estão se posicionando nos focos correspondentes e se não estão se encontrando com os que já trabalharam.

As mudanças devem ser feitas de acordo com um tempo justo que permita a realização das atividades e o bom aproveitamento do tempo.

TURNO TRÊS

A	B	C	D	E	F	G
6	7	1	2	3	4	5
11	12	13	14	8	9	10
16	17	18	19	20	21	15
28	22	23	24	25	26	27
33	34	35	29	30	31	32
38	39	40	41	42	36	37

TURNO QUATRO

A	B	C	D	E	F	G
5	6	7	1	2	3	4
9	10	11	12	13	14	8
20	21	15	16	17	18	19
24	25	26	27	28	22	23
35	29	30	31	32	33	34
39	40	41	42	36	37	38

TURNO CINCO

A	B	C	D	E	F	G
4	5	6	7	1	2	3
14	8	9	10	11	12	13
17	18	19	20	21	15	16
27	28	22	23	24	25	26
30	31	32	33	34	35	29
40	41	42	36	37	38	39

TURNO SEIS

A	B	C	D	E	F	G
3	4	5	6	7	1	2
12	13	14	8	9	10	11
21	15	16	17	18	19	20
23	24	25	26	27	28	22
32	33	34	35	29	30	31
41	42	36	37	38	39	40

TURNO SETE

A	B	C	D	E	F	G
2	3	4	5	6	7	1
10	11	12	13	14	8	9
18	19	20	21	15	16	17
26	27	28	22	23	24	25
34	35	29	30	31	32	33
42	36	37	38	39	40	41

Elaboram-se tantos TURNOS quanto o número de FOCOS. Neste caso são sete Focos, portanto, são sete movimentos que permitem a cada participante ir a todos e realizar todas as tarefas com companheiros diferentes a cada vez.

> Ver o recurso dos FOCOS E TURNOS desenvolvido dentro de uma oficina na p. 25 deste livro ou em: *A ética, arte de viver*: a alegria de ser uma pessoa com dignidade. São Paulo, Paulinas, 1998. v. 1. Oficina 1.1.

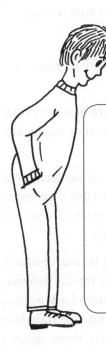

> "Aprender é descobrir o que já sabemos.
>
> Fazer é demonstrar que o sabemos.
>
> Ensinar é recordar a outros que o sabem tão bem como nós.
>
> Todos somos aprendizes, fazedores, mestres."
>
> (Richard Bach)

5.4. Outras estratégias

Professor, atreva-se a fazer coisas estranhas e a dar tarefas incomuns:

* Diga aos alunos, ao começar a aula, que você não vai ensinar-lhes nada, e gere, com isso, ambientes de aprendizagem para que eles aprendam por sua própria conta.

* Retome as idéias dos alunos e associe-as com o tema.

* Aceite os sentimentos dos alunos.

* Crie oportunidades para dar reforço positivo; anime seus garotos.

* Devolva a pergunta de um estudante para os outros companheiros do grupo. Procure que eles mesmos respondam às suas próprias perguntas.

* Cometa um erro premeditado em aula e, no final, peça aos alunos que tiverem descoberto o erro que o escrevam em uma folha e a entreguem. Se acertarem, dê-lhes um reforço, um estímulo ou uma bonificação.

* Aproveite a atribuição de um livro de leitura obrigatória de outra disciplina para que façam tarefas próprias para a sua. Por exemplo, se estiverem lendo *La Vorágine*, de José Eustasio Rivera, em espanhol, marque trabalhos individuais para ética. Por exemplo: um aluno segue a trajetória de Arturo Cova e destaca os valores praticados no percurso do romance; outro aluno segue o mesmo personagem e toma nota das atitudes negativas; um terceiro aluno toma nota de todos os danos ecológicos causados durante o romance. O mesmo se pode fazer com os demais personagens e outros fatos.

* Leve uma flor para a aula e, no final, sorteie-a entre as alunas mais atentas e colaboradoras.

* Leve uma silhueta de um coração recortada em papel brilhante e coloque-a na parede, em lugar visível onde seja notada. Isto chama a atenção.

* Atribua uma tarefa de responsabilidade ao aluno mais indisciplinado, afirmando-lhe que você acredita nele.

* Suba e baixe a voz quando estiver falando.

* Seja discursivo na aula; intercale o conteúdo conceitual com anedotas de sua vida e da vida dos alunos; conceda-lhes a palavra; para isso, agregue fatos da atualidade, de ontem e de hoje.

* Prefira os esquemas no quadro, mais que as palavras.

* Planeje a aula e procure desequilibrá-la para que não saia como estava planejada.

* Faça silêncio na aula; os alunos aprendem com o silêncio do mestre.

* Faça crer aos alunos que você se esqueceu do que sabia, para que eles descubram.

* Faça checagens permanentes da compreensão, leitura ou apropriação de conhecimentos; introduza-as nas folhas de resposta cada vez que o fizer; mensalmente, faça um sorteio diante dos alunos e qualifique apenas as avaliações do principal ganhador. Assim os mantém em dia com sua matéria. E, ao mesmo tempo, a sua disciplina estará presente todos os dias. Isto é muito importante; sua matéria não pode perder vigência e deve engendrar estratégias para que assim seja. O que não é divulgado, é esquecido.

* Anime os alunos para que acompanhem um tema organizando um álbum com notícias de jornais e revistas.

5.5. Jogos didáticos, âmbitos e valores

Os jogos didáticos, desde Froebel, no século XIX, foram aceitos como um recurso importante com conteúdo psicológico (Palácios, 1997, citado por Montenegro, 2003); são um oásis no meio de uma sessão longa; servem para descansar, parar e estirar-se. Claro que para conseguir o mesmo propósito podem-se realizar exercícios dirigidos de estiramento, relaxamento e respiração; contudo, são preferíveis os jogos didáticos porque contribuem para aumentar o conhecimento dos participantes e para gerar um ambiente de alegria, confiança, respeito e projeção de muitos outros valores.

Nesta ocasião, apresentam-se alguns jogos que contribuem para:

❖ construir a identidade pessoal,

❖ fomentar âmbitos da pessoa,

❖ fortalecer capacidades,

❖ criar espaços de motivação,

❖ praticar valores,

❖ desenvolver atitudes.

É muito importante, em todo caso, que os jogos didáticos contribuam para o desenvolvimento humano; não se trata de jogar por jogar. Portanto, deve-se justificar cada jogo e fazer ver aos alunos o seu objetivo.

Na hora da verdade, o jogo também é uma estratégia de aprendizagem.

Este quadro, a título de amostra, foi elaborado com base na proposta da professora espanhola Begoña Salas García, com base em âmbitos, capacidades, valores e atitudes. Todos os componentes podem ser ampliados, de acordo com os objetivos propostos.

JOGOS	ÂMBITOS	CAPACIDADES	VALORES	ATITUDES
Desconcerto	Social	Solidariedade Responsabilidade	Compreensão Confiança Respeito	Colaboração
O indiferente	Emocional Mente Corpo	Emocionalidade Inteligência Expressão	Paixão Criatividade Corporeidade	Aceitação Aprendizagem Expressividade
O muro	Corpo Social Mente	Vitalidade Sensibilidade Inteligência	Espontaneidade Respeito Criatividade	Expressividade Colaboração Participação
O pântano e os lagartos	Emocional Mente Corpo Social Identidade	Auto-estima Valorização Segurança Responsabilidade Identidade	Singularidade Análise Decisão Confiança Harmonia	Aceitação Compreensão Aprendizagem Participação Colaboração
O valor oculto	Mente Corpo	Inteligência Observação Valorização Expressão Segurança	Eficiência Flexibilidade Senso comum Comunicação Prudência	Aprendizagem Expressividade
O vendedor e a viúva	Mente Corpo Social Emocional	Observação Fortaleza Responsabilidade Emocionalidade	Curiosidade Vontade Constância Satisfação	Compreensão Expressividade Colaboração
A palavra-chave	Mente Corpo Identidade	Valorização Racionalidade Expressão Segurança Autonomia	Análise Discernimento Comunicação Risco Iniciativa	Aprendizagem Expressividade Participação

Roubando corações	Corpo Social	Inteligência Responsabilidade	Eficiência Constância	Paciência Colaboração
Você o que faria?	Mente Social	Inteligência Sensibilidade	Criatividade Respeito	Aprendizagem Colaboração

5.5.1. Desconcerto

❖ Passo um: organizam-se os participantes em subgrupos; sentam-se em círculo, aproximam-se o mais que possam sem se incomodarem.

❖ Passo dois: após breve silêncio, alguém expressará uma frase. Por exemplo: "O que vamos fazer?", ou "Para que estamos assim?", ou "Ufa, que calor!". Os outros enlaçam mais frases fazendo associações que lhes venham à mente, tendo em conta que só se expressa uma frase de cada vez.

❖ Avaliação.

5.5.2. O indiferente

❖ Organizam-se os participantes em pares, denominando-os A e B. A começa a contar a B um acontecimento, fazendo-o com muita expressividade, com emoção, com gestos, com intensidade. Enquanto isso, B não se move, nem faz nenhum gesto, nem opina, nem assente nem nega com a cabeça. Depois podem inverter os papéis.

❖ Depois faz-se a avaliação.

5.5.3. O muro

Jogo apropriado para colocar em prática a força da união e a inteligência do intruso.

❖ Os participantes se organizam em círculo, ombro com ombro, cotovelo com cotovelo, pé com pé; muito juntinhos, enganchados e agarrados, olhando intensamente para o centro. Sua tarefa consiste em manter a unidade, não consentir em serem debilitados, muito menos permitir que o intruso os desmorone.

❖ O intruso situa-se fora do círculo e tem como missão posicionar-se no centro. Seu engenho deve levá-lo a encontrar uma estratégia para desmoronar o círculo, desbaratar sua unidade e a sua forte coesão e, assim, saltar o muro, nem que tenha de passar agachado entre as pernas dos participantes. Deve "desmoronar" a resistência.

❖ Análise e avaliação de acordo com o tema.

Nota: Quanto maior o número de participantes, mais intrusos. Pode-se pensar em um a cada quinze.

5.5.4. O pântano e os lagartos

❖ Organizam-se os alunos em subgrupos com igual número de participantes.

❖ Sinaliza-se um setor no chão que se denominará pântano. Este setor deve ser amplo e seu tamanho será determinado pelo dinamizador.

❖ Entrega-se a cada subgrupo quatro "pedras", representadas em folhas de papel-cartão, cartolina ou outro material.

❖ Dois participantes colocam-se dentro do pântano fazendo o papel de lagartos.

❖ Cada subgrupo tem que engendrar uma forma de atravessar o pântano, com o tempo, tendo em conta o seguinte: só podem passar parando sobre as pedras; os lagartos estarão prontos a tirar-lhes as pedras se eles se descuidarem. A pedra que se perder não poderá ser recuperada. Todos os membros do grupo devem passar caminhando sobre as pedras; se as perderem sem ter passado, são eliminados.

5.5.5. O valor oculto

❖ Escreva em um papelzinho um valor relacionado com o tema, introduza-o em um envelope, fixe-o no tabuleiro e jogue o "sim-ou-não" com o grupo. Os alunos perguntam e você só responde sim ou não, até que algum deles descubra ou identifique o valor oculto. Assim repassam o tema, jogam, relaxam e mudam de atividade sem sair do tema.

5.5.6. O vendedor e a viúva

❖ Organizam-se os participantes em dois círculos concêntricos; um companheiro atrás do outro, formando um par. O de trás coloca as mãos na cintura do da frente.

❖ O dinamizador conta a seguinte história: Esta é a história de um povo no qual todos os pares estão organizados, estão contentes e não estão dispostos a permitir que os desintegrem. Neste povo há uma viúva que anda angustiada porque não tem par (esta jogadora coloca-se no centro). Um dia, chega ao povoado um vendedor ambulante (este jogador coloca-se fora dos círculos).

❖ O dinamizador entrega à viúva um envelope com um trabalho ou um problema a resolver.

❖ A uma indicação do dinamizador, a viúva tenta agarrar o vendedor para formar um par com ele; este, como não está interessado, livra-se da viúva colocando-se diante de um par; o vendedor passa a formar o par e quem passou a ser terceiro passa a ser o vendedor e a viúva o persegue.

❖ Quando a viúva conseguir apanhar o vendedor com as mãos, o envelope é entregue a este, o qual passa a fazer o papel de viúva.

❖ A ex-viúva tem direito a se colocar diante de qualquer par; o novo viúvo persegue o que sobra e assim sucessivamente, até que termine o tempo estabelecido.

❖ Ao término do tempo, quem estiver como viúvo(a) realizará a tarefa atribuída no envelope.

Variação um: O envelope pode conter o nome de outros companheiros que ajudarão a realizar a tarefa.

Variação dois: O envelope pode conter instruções para organizar todo o grupo a fim de que todos realizem a tarefa.

5.5.7. A palavra-chave

Primeira parte:

1. Organizam-ses participantes diante de uma lousa ou folha de papel.

2. Pede-se a cada um dos participantes que passe e escreva uma palavra ou um símbolo que expresse seus sentimentos diante do tema em estudo.

Segunda parte:

3. Pede-se aos participantes que passem e risquem a palavra de que não gostam ou com a qual não estejam de acordo. A mesma palavra pode ser riscada por vários participantes. Não se pode adicionar nada ao que já está escrito.

Terceira parte:

4. Pede-se aos participantes que passem e sublinhem a palavra que lhes agrade ou que julguem de maior importância. Podem-se sublinhar as palavras riscadas.

Quarta parte:

5. Análise das palavras que não foram riscadas, das que foram sublinhadas etc.

5.5.8. Roubando corações

❖ Consiga que cada aluno elabore a silhueta de um coração, que escreva no verso um valor, fixe essa silhueta no peito com uma faixa ou um alfinete e permita que conversem durante um breve tempo. Isto é feito permitindo-lhes formular perguntas e respostas com frases completas, sem incluir sim ou não. Quem incluir um destes monossílabos perde seu coraçãozinho e entrega-o ao seu interlocutor. Terminado o jogo, avalia-se considerando o aumento de corações no peito de alguns e a perda dos que terminam sem coração no peito.

5.5.9. Você o que faria?

1. Cada um dos participantes recebe um pequeno papel e nele escreve: O que você faria se... (e junta uma pergunta insólita sobre o tema em estudo).

2. O papelzinho com a pergunta é recolhido dentro de um saco.

3. Depois, entrega-se um segundo papelzinho no qual se escreve a resposta à pergunta, sem introduzir a pergunta. Escreve-se somente a resposta.

4. Este segundo papelzinho é recolhido em um segundo saco.

5. Pede-se a cada participante que tire um papelzinho do saco de perguntas e outro do saco de respostas. O que se espera é que as perguntas e as respostas fiquem cruzadas.

6. Pede-se a cada participante que leia a pergunta seguida da resposta que lhe tenha correspondido. Espera-se que haja resultados muito divertidos, que devem ser analisados.

> "Um bom mestre sempre ficará na mente e no coração de seus alunos."
> (Laura Aristizábal Franco, Colégio Filipense, Manizales, Colômbia)

ANEXO 1

OBJETIVOS PARA O TERCEIRO MILÊNIO
Propostos pela UNESCO, desde 1998.

- ❖ **A capaciade de obter acesso à informação.** Isso supõe a aquisição das técnicas tradicionais de ler, escutar e observar, mas, também, das novas técnicas de armazenamento e elaboração de dados mediante o uso de computadores, e das indispensáveis ao juízo crítico para discernir a informação. Este objetivo supõe que a escola não é tanto o lugar onde se aprendem coisas, mas o lugar onde se aprende a aprender. A função final da escola não é transmitir um bloco cerrado de cultura, mas situar os alunos em um caminho contínuo de aprendizagem que lhes sirva para viver em um mundo em mudança contínua.

- ❖ **A capacidade de raciocinar com clareza.** Isto supõe a aquisição das técnicas básicas da interpretação semântica, da dedução lógica e matemática, da assimilação do método científico e do domínio das técnicas de indução e predição. A missão da escola converte-se, assim, não tanto na apresentação das descobertas realizadas pela humanidade ao longo de sua história, mas em sua recriação para que o aluno volte a descobri-las por si mesmo, com sua própria capacidade de raciocínio.

- **A capacidade de comunicar com eficácia.** Isto supõe as técnicas para falar de modo informal ou em público; as técnicas de expressão escrita e o manejo dos instrumentos modernos de escrita; a interpretação e capacidade de criação de mapas, planos e gráficos de todos os tipos; o manejo e a interpretação das diferentes tecnologias que atualmente servem para a comunicação, como a fotografia, o cinema, a TV etc.

- **A capacidade de compreender o meio ambiente.** Isto exige a aquisição das técnicas básicas necessárias para entender a ciência e o desenvolvimento científico. A presença da tecnologia é tão importante em nossa sociedade, e será ainda mais no futuro, que se situar adequadamente no meio ambiente exige conhecer os fundamentos da biologia, da genética, da ecologia, da eletrônica, da óptica etc.

- **A capacidade de compreender a sociedade.** Isto supõe a aquisição das técnicas necessárias para entender o fato humano em si com todas as suas circunstâncias: fisiologia e evolução, antropologia cultural, psicologia, política e economia, perspectivas futuras da humanidade, história etc.

- **A capacidade de alcançar o desenvolvimento pessoal.** Supõe a aquisição de técnicas de higiene, nutrição, educação sexual, a aquisição de técnicas de aperfeiçoamento pessoal por meio da criatividade e da interpretação artística, do desenvolvimento corporal, dos esportes etc.

Estabelecer com clareza estes objetivos finais é de extraordinária importância porque eles determinam depois a hierarquia de valores a atingir.

ANEXO 2

COMPETÊNCIAS BÁSICAS
Extraídas de *Aprendizaje y desarrollo de las competencias*, de Ignacio Abdón Montenegro Aldana

Dimensão biológica

- Deslocar-se de forma coordenada através do espaço, percebendo os estímulos do ambiente e conservando o sentido da localização.

Dimensão intelectual

- Comunicar-se em linguagem natural e em qualquer outra forma de representação simbólica.

- Produzir inferências válidas a partir de premissas, mediante o uso de sistemas de raciocínio.

- Elaborar conceitos por meio de relações empírico-teóricas.

- Desenhar, transferir e utilizar tecnologia para melhorar suas condições de vida.

Dimensão social

- Interagir de maneira harmônica com outras pessoas, conservando a autonomia, praticando a cooperação e desenvolvendo laços de afeto e solidariedade.

- Valorizar de maneira equilibrada as atuações próprias e as alheias.

- Apreciar a harmonia e a coerência como fundamento da beleza que possuem as coisas, as pessoas, seus atos e suas obras.

Dimensão intrapessoal

- Conhecer-se a si mesmo, identificar as partes do corpo, o estado de suas funções orgânicas, o nível de mal-estar ou bem-estar que possa sentir em determinado momento, a forma como reage perante as situações, suas emoções, seus sentimentos e a consciência e controle de seu processo cognitivo.

> "O dogma da vida social é estar constantemente construindo a sociedade, sem esperança de a acabar; porque com cada homem que nasce é preciso empreender o mesmo trabalho. 'Concluiu sua educação' não quer dizer que a pessoa já não tenha mais que aprender, mas que lhe foram dados os meios e indicados os modos de continuar aprendendo." (Simón Rodríguez)

BIBLIOGRAFIA

CABALLERO, Carlos Medina. *La eseñanza problémica*: entre el construtivismo e la educación activa. Colombia, Editorial Rodríguez Quito, 1997.

CAJIAO, R. Francisco et al. *Selene: segunda expedición de pléyade;* la investigación en el aula. MINISTÉRIO DE EDUCACIÓN NACIONAL. Santafé de Bogotá, Fundación FES, 2000. COLCIENCIAS, Tercer Mundo, Cali, Valle.

CANO, Betuel. *La ética, arte de vivir.* Bogotá, Paulinas, 1998 a 2003. vv. 1-6.

CASTRILLÓN, Bernardo B. *Gaceta Didáctica.* nn. 2, 3 e 4, Medellín, Universidad de Antioquia, 180 Publicidad, 2000.

DE ZUBÍRIA SAMPER, Julián. *Tratado de pedagogía conceptual:* los modelos pedagógicos. Bogotá, Fundación Internacional de Pedagogía Conceptual Alberto Merani, 2000.

EDITORIAL MAGISTERIO. *Competencias básicas aplicadas al aula*. Compêndio baseado na UNESCO, no Ministerio de Educación Nacional e no ICFES. Cooperativa Editorial Magisterio. Bogotá, s.d.

ESCUELA NORMAL SUPERIOR DE CALDAS. Amanecer Pedagógico. *Revista Manizales.* out. 2002.

FLÓREZ OCHOA, Rafael. *Hacia una pedagogía del conocimiento.* Santafé de Bogotá, McGraw Hill, 1995.

GALLEGO BADILLO, Rómulo. *Competencias cognoscitivas, un enfoque epistemológico, pedagógico y didáctico*. Aula aberta, Santafé de Bogotá, Cooperativa Editorial Magisterio, 1999.

GONZÁLEZ VALDÉS, América. *Prycrea: pensamiento reflexivo y creatividad*. La Habana, Academia, 1995.

GRAMBS, Jean; CARR, John; FITCH, Robert. *Moderna metodología educativa*. Buenos Aires, Pleamar, 1994.

LITWIN, Edith et al. *Corrientes didácticas contemporáneas*. Cuestiones de Educación. Buenos Aires, Paidós, 1996.

MINISTERIO DE EDUCACIÓN NACIONAL. *Educación ética y valores*; lineamientos curriculares. Santafé de Bogotá, Cooperativa Editorial Magisterio/Libros & Libros, 1998.

MONTENEGRO ALDANA, Ignacio Abdón. *Aprendizaje y desarrollo de las competencias;* competencias magisterio. Bogotá, Cooperativa Editorial Magisterio, 2003.

MORIN, Edgar. *Los siete saberes necesarios para la educación del futuro*. Bogotá, Editorial Magisterio, 2001.

NÉRICI, Imídeo. Didática geral dinâmica. 11. ed. São Paulo, Atlas, 1992.

PRIETO CASTILLO, Daniel. *Educar com sentido*. Apuntes sobre el aprendizaje. Mendoza, Universidad Nacional de Cuyo, 1993.

REVISTA MAGISTERIO. *Educación y pedagogía;* lineamientos y estándares curriculares, competencias, logros y indicadores. Bogotá, Cooperativa Editorial Magisterio, n. 3 jun.-jul. 2003 e n. 4 ago.-set. 2003.

SÁENZ BARRIO, Óscar et al. *Pedagogía general*. Introducción a la teoría y práctica de la educación. Madrid, Anaya, 1986.

VYGOTSKY, L. *A formação social da mente*. São Paulo, Martins Fontes, 1987.

CADASTRE-SE

www.paulinas.org.br

para receber informações sobre nossas
novidades na sua área de interesse:

• Adolescentes e Jovens • Bíblia
• Biografias • Catequese
• Ciências da religião • Comunicação
• Espiritualidade • Educação • Ética
• Família • História da Igreja e Liturgia
• Mariologia • Mensagens • Psicologia
• Recursos Pedagógicos • Sociologia e Teologia.

Telemarketing 0800 7010081

Impresso na gráfica da
Pia Sociedade Filhas de São Paulo
Via Raposo Tavares, km 19,145
05577-300 - São Paulo, SP - Brasil - 2007